Enri

Por United Library

https://campsite.bio/unitedlibrary

Índice

Descargo de responsabilidad

Este libro biográfico es una obra de no ficción basada en la vida pública de una persona famosa. El autor ha utilizado información de dominio público para crear esta obra. Aunque el autor ha investigado a fondo el tema y ha intentado describirlo con precisión, no pretende ser un estudio exhaustivo del mismo. Las opiniones expresadas en este libro son exclusivamente las del autor y no reflejan necesariamente las de ninguna organización relacionada con el tema. Este libro no debe tomarse como un aval, asesoramiento jurídico o cualquier otra forma de consejo profesional. Este libro se ha escrito únicamente con fines de entretenimiento.

Introducción

Adéntrate en el cautivador mundo de Enrique VIII, uno de los monarcas más intrigantes e influyentes de la historia.

Sumérgete en la extraordinaria vida y el tumultuoso reinado de este emblemático gobernante que dejó una marca indeleble en la historia de Inglaterra. Renombrado por sus seis matrimonios y las consecuentes convulsiones religiosas y políticas, la historia de Enrique VIII es una de amor, poder y revolución religiosa.

Desde su búsqueda de anular su primer matrimonio con Catalina de Aragón, lo cual finalmente condujo a la Reforma Inglesa y al establecimiento de la Iglesia de Inglaterra, hasta sus audaces afirmaciones de supremacía real y disolución de monasterios, el impacto de Enrique en el panorama constitucional y religioso de Inglaterra no puede subestimarse.

Desentrañando la personalidad multifacética de Enrique, este libro explora su carisma, intelecto y logros, pintando un retrato de un monarca que fascinó a sus contemporáneos. Sin embargo, también arroja luz sobre sus últimos años, donde su lujuria por el poder, su paranoia y sus tendencias tiránicas se hicieron evidentes.

Dentro de estas páginas, descubre las figuras influyentes que moldearon el reinado de Enrique, incluyendo a sus confiables ministros como Wolsey, More, Cromwell y Cranmer, así como a sus formidables adversarios, tanto dentro como fuera de las fronteras de Inglaterra. Como autor de libros y compositor de música, las contribuciones culturales de Enrique VIII no son olvidadas, incluso a medida que su salud se deterioraba y su apariencia física cambiaba drásticamente.

En este relato meticulosamente investigado y absorbente, experimenta el ascenso y la caída de un monarca de proporciones épicas cuyo reinado se erige como un capítulo fundamental en la historia de Inglaterra.

El legado de Enrique VIII sigue resonando en la actualidad, convirtiendo este libro en una lectura esencial para los entusiastas de la historia y aquellos intrigados por las personalidades fascinantes y las luchas de poder del pasado.

KING HENRY. VIII.

Farewell, a long farewell, to all my greatness.

Act 3.   Scene 2.

London Printed for J Bell British Library Strand May 27. 1786.

Enrique VIII

Enrique VIII (en inglés: Henry VIII; * 28 de junio de 1491 en Greenwich; † 28 de enero de 1547 en el palacio de Whitehall, Londres) fue rey de Inglaterra de 1509 a 1547, Lord del Señorío de Irlanda desde 1509 y rey de Irlanda desde 1541. Hijo menor de Enrique VII y de Isabel de York, se convirtió en heredero al trono tras la temprana muerte de su hermano mayor, Arturo, en 1502. Su coronación en junio de 1509 fue el primer acceso pacífico al trono en casi 100 años tras las Guerras de las Rosas inglesas. Como primer rey de Inglaterra con formación humanística, Enrique fue un típico príncipe renacentista: hablaba varios idiomas, escribía poesía, componía y mostraba gran interés por los temas religiosos. En su juventud fue un hombre atlético y carismático cuya llegada al poder fue recibida con júbilo, pero en sus últimos años fue obeso, enfermo crónico y considerado por muchos como un tirano.

En la política diaria, Enrique se apoyó en consejeros como el cardenal Wolsey, Sir Thomas More y Thomas Cromwell. Con la ayuda de Wolsey, el rey consiguió, por un lado, ampliar su posición de poder en el espíritu del absolutismo primitivo, mientras que, por otro, a instancias de Cromwell, concedió por primera vez al Parlamento voz en asuntos eclesiásticos y constitucionales. El factor decisivo fue su conflicto con la Iglesia papal: como el primer matrimonio de Enrique con Catalina de Aragón no había producido un heredero varón al trono, intentó que el Papa Clemente VII lo anulara. Cuando éste rechazó la petición, Enrique, originalmente un opositor de Lutero y la Reforma, se esforzó por separar la Iglesia de Inglaterra del catolicismo romano. Con el Acta de Supremacía, se hizo declarar cabeza de la Iglesia por el Parlamento en 1534. Por último, disolvió los monasterios ingleses, por lo que fue excomulgado por Pablo III. Aunque las convicciones religiosas de Enrique siguieron siendo esencialmente católicas hasta el final, allanó el camino al protestantismo en Inglaterra rechazando la autoridad del Papa, promoviendo la impresión de una Biblia en lengua inglesa autorizada por el Estado y creando una amplia base de fieles seguidores protestantes mediante la venta de propiedades eclesiásticas.

Tras la muerte de Enrique, la corona pasó sucesivamente a sus tres hijos supervivientes: primero a su hijo Eduardo, de nueve años, que murió joven, después a su hija mayor María y finalmente a su hija Isabel, con la que finalizó el reinado de la Casa Tudor en 1603. En la cultura popular, Enrique VIII es más conocido por sus seis matrimonios. Dos de ellos, los de Catalina de Aragón y Ana de Cleves, fueron anulados. Hizo ejecutar a Ana Bolena y Catalina

Howard, Jane Seymour murió al dar a luz y Catalina Parr le sobrevivió.

Vida

Nacimiento y primera infancia

Enrique nació como tercer hijo y segundo mayor del rey inglés Enrique VII y su esposa Isabel de York. Fue bautizado por Richard Fox, obispo de Exeter, con la gran pompa habitual para los niños de la realeza, con heraldos y trompetas. Como sus padres ya tenían un heredero al trono, el príncipe Arturo, Enrique no tenía gran importancia dinástica en el momento de su nacimiento. Incluso su abuela Margarita Beaufort, que había registrado concienzudamente los nacimientos de sus dos hermanos mayores en su libro de horas con la hora y el lugar exactos, hizo una nota más bien casual de Enrique.

La primera infancia de Enrique se caracterizó por las secuelas de las Guerras de las Rosas, las sangrientas batallas entre las casas de Lancaster y York que duraron décadas. Como Enrique VII había ganado la corona en el campo de batalla en 1485, surgieron repetidamente pretendientes al trono para disputarle el gobierno. En 1494, un joven llamado Perkin Warbeck se hizo pasar por Ricardo, duque de York, el más joven de los dos príncipes desaparecidos de la Torre. Reclamó el trono inglés y rápidamente ganó apoyos tanto en Inglaterra como en el continente. Como medida contra Warbeck, el rey nombró a su segundo hijo Caballero del Baño en una ceremonia a gran escala en 1494 y luego lo elevó a Duque de York, el título tradicional del segundo hijo del rey. Enrique, de tres años, que más tarde se convertiría en un hombre alto, fuerte y entusiasta jinete, entró en Londres acompañado de muchos nobles "sentado solo en un caballo" y uno de los espectadores pensó que tenía "cuatro años o así" debido a su tamaño. En 1495, su padre también lo aceptó en la Orden de la Jarretera.

Cuando en 1496 estalló un levantamiento de los rebeldes de Cornualles a favor de Warbeck y marcharon sin obstáculos sobre Londres, Enrique, de cinco años, tuvo que huir a la Torre con su madre. Al mismo tiempo, Warbeck invadió Inglaterra desde Escocia. El rey cabalgó inicialmente hacia el norte con sus tropas y más tarde regresó a tiempo para derrotar a los rebeldes a las afueras de Londres. Es posible que estas primeras experiencias fueran una de las razones por las que Enrique defendió más tarde la reivindicación de poder de su dinastía de forma tan inflexible y, en ocasiones, cruel.

Educación y formación

Mientras el príncipe heredero Arturo vivía en su propia casa de Ludlow, en Gales, Enrique se crió con su hermana Margarita en el palacio de Eltham, donde pronto se les unieron sus hermanos Isabel, María y Edmund. De los niños, sólo Enrique, Margarita y María llegaron a la edad adulta. Se discute entre los historiadores si Enrique estaba destinado a hacer carrera en la Iglesia. En el siglo XVII, el historiador Edward Herbert escribió que Enrique estaba "destinado a ser arzobispo de Canterbury en vida de su hermano mayor, el príncipe Arturo". La elevación de Enrique al título secular de duque de York, que conllevaba una considerable propiedad de tierras y su entrenamiento en las armas, habla en contra de esto.

Su primer maestro, en torno a 1496, fue el poeta de la corte John Skelton, de quien recibió la típica educación renacentista de la época, con especial atención al latín, la historia y los autores antiguos junto a la música y la poesía. Enrique continuó más tarde su educación con otro tutor, William Hone, al que se unió el tutor francés Giles Duwes y un maestro de música y armas. Con esta educación, el joven príncipe se convirtió más tarde en el primer rey de Inglaterra con una formación humanista completa, que hablaba latín y francés con fluidez, componía música y escribía poesía.

Cuando el célebre humanista Erasmo de Rotterdam visitó a su amigo Tomás Moro en Inglaterra en 1499 y éste le llevó a visitar por sorpresa el palacio de Eltham, donde "se educa a todos los hijos reales, excepto sólo a Arturo, el hijo mayor", el erudito quedó impresionado por la habilidad de Enrique. Escribió: "Cuando entramos en el salón, toda la comitiva estaba reunida [...]. En el centro estaba Enrique, de nueve años, dotado ya de cierto porte real, es decir, de una grandeza de espíritu combinada con una cortesía asombrosa. A su derecha estaba Margarita, de unos once años, que más tarde se casó con Jacobo, rey de Escocia. A su izquierda estaba María, una niña de cuatro años. Edmund era un bebé en brazos de su nodriza". Como era costumbre, Morus obsequió al príncipe con una dedicatoria escrita, lo que avergonzó a Erasmo, ya que no había traído nada consigo. Más tarde, durante la cena, Enrique también le envió un mensaje "para atraer algo de mi pluma", tras lo cual el erudito le escribió un panegírico en tres días. Heinrich mantuvo años más tarde una correspondencia latina regular con Erasmo.

Heredero del trono

El comienzo del siglo XVI supuso un cambio revolucionario en la vida de Enrique. En 1501, cuando su hermano Arturo, de 15 años, se casó con la princesa española Catalina de Aragón, de su misma edad, el joven príncipe acompañó a la novia al altar. Pocos meses después, Arturo murió inesperadamente y Enrique, de diez años, se convirtió en heredero al trono. Cuando quedó claro que Catalina de Aragón no estaba embarazada de un posible heredero al trono de Arturo, Enrique fue nombrado oficialmente noveno príncipe de Gales por ley del Parlamento el 15 de enero de 1504, al tiempo que se le despojaba del título de duque de York. Apenas un año después de la muerte de Arturo, la madre de Enrique también murió al dar a luz. En una carta a Erasmo unos años más tarde, describió la noticia "de la muerte de mi querida madre" como "una noticia odiosa".

A partir de entonces, Enrique residió en la corte junto a su padre, que comenzó a prepararle para hacerse cargo del gobierno. En una carta a la madre de Catalina de Aragón, la reina Isabel, el duque de Estrada comentaba en 1504: "El príncipe de Gales acompaña al rey. En el pasado, el rey evitaba llevar consigo al príncipe de Gales porque no quería interrumpir sus estudios. Es maravilloso el cariño que el Rey tiene al Príncipe. Tiene buenas razones para estarlo, porque el príncipe se merece todo el amor que recibe. Pero no es sólo por amor que el rey se lleva al príncipe con él; quiere enseñarle. Seguramente no puede haber mejor escuela en el mundo que la compañía de un padre como Enrique VII [...] Sin duda, el príncipe tiene en su padre un excelente tutor y guía".

Para mantener la alianza con España, Enrique VII pretendía ahora casar a la viuda de Arturo con su segundo hijo. Sin embargo, el derecho canónico prohibía a un hombre casarse con la viuda de su hermano (Lev 20:21), por lo que hubo que obtener una dispensa papal de Julio II para que el matrimonio pudiera celebrarse de todos modos. En la imaginación de la época, el hombre y la mujer se convertían literalmente en una sola carne mediante el coito. Esto habría convertido a Catalina en pariente de primer grado de Enrique, lo que habría invalidado el matrimonio entre ambos. Julio II expidió la dispensa en 1504, pero escribió a la madre de Catalina, Isabel, que el matrimonio entre Catalina y Arturo se había consumado. Isabel protestó entonces y Julio cedió e insertó la palabra *tal vez*. Es posible que aquí influyeran consideraciones puramente políticas. Si el matrimonio se consumaba, Enrique VII podía quedarse con la dote de Catalina, que ya había sido pagada a plazos. Si el matrimonio no se consumaba, Isabel y Fernando podían insistir en el reembolso de la dote. Sin embargo, esta ambigüedad causaría grandes dificultades a Catalina años más tarde.

El matrimonio debía celebrarse en cuanto Heinrich cumpliera 14 años. Sin embargo, para entonces la situación política había cambiado. La muerte de su madre, reina de Castilla por derecho propio, significaba que Catalina ya no era tan buen partido como antes y estalló una disputa entre su padre Fernando de Aragón y Enrique VII sobre el pago de su dote. Para mantener todas las opciones abiertas, Enrique VII hizo que su hijo, que ahora se consideraba mayor de edad con 14 años, negara la promesa de matrimonio alegando que se había hecho sin su consentimiento. Aunque esto tuvo lugar en presencia de testigos, no se hizo público, por lo que, dependiendo de la situación política, el matrimonio aún podría haberse concertado. No se tomó ninguna otra decisión hasta la muerte de Enrique VII. Catalina vivió en Inglaterra de 1502 a 1509 como prometida de Enrique, pero aún en la incertidumbre.

Es dudoso que el propio Heinrich tuviera voz en todas estas decisiones. "Estaba en completa sumisión a su padre y a su abuela y nunca abría la boca en público salvo para responder a una pregunta de alguno de ellos [...]. No se le permitía salir del palacio, salvo para hacer deporte, por una puerta privada que daba al parque", escribió el embajador español Fuensalida en la primavera de 1508.

Sin embargo, el joven príncipe era un apasionado del deporte. El embajador español De Puebla escribió entusiasmado sobre el joven de 16 años: "No hay joven más sobresaliente que el Príncipe de Gales. Ya es más alto que su padre, y sus miembros son de proporciones gigantescas". Enrique, que más tarde alcanzaría una altura inusual para la época de más de 1,80 metros, practicaba la lucha libre, el tenis y el tiro con arco, y Richard Grey, III Conde de Kent, llegó a romperse el brazo en una ocasión "luchando con el Príncipe". Pero, por encima de todo, Enrique admiraba a los hombres que competían en torneos de justas, la disciplina deportiva suprema de su época. Asistía con entusiasmo a los torneos y disfrutaba pasando el tiempo en compañía de los caballeros justadores.

A principios de 1508, practica diariamente con sus compañeros de armas, y el 15 de junio participa por primera vez en un torneo, que es "muy popular por la excelencia del joven príncipe armado". Al mes siguiente, en otro torneo en presencia de su padre, "muchos hombres [...] lucharon con él, pero fue superior a todos". El historiador David Starkey conjetura que Enrique sólo participó en las justas inofensivas en lugar de en las justas, ya que siempre había bajas, mientras que la mayoría de los demás historiadores no suponen tal restricción. Lo cierto es que Enrique fue un entusiasta y brillante campeón de justas tras su acceso al trono. Las justas y la caza se consideraban un entrenamiento para la guerra y la destreza era una cualidad muy deseable para un gobernante y general.

Enrique VII murió el 21 de abril de 1509, diez semanas antes del decimoctavo cumpleaños de su hijo. Su muerte se mantuvo en secreto durante dos días y Enrique siguió dirigiéndose a él en público como Príncipe hasta el día 23. No fue hasta el 24 de abril cuando fue proclamado rey en Londres. No fue hasta el 24 de abril cuando fue proclamado rey en Londres. Entre bastidores se desarrolló una lucha por el poder político que provocó la caída de los dos ministros más importantes e impopulares del antiguo rey, Richard Empson y Edmund Dudley. Fueron encarcelados y ejecutados como culpables de su tiránica política financiera. La justificación de Enrique fue que Empson y Dudley habían gobernado al rey y a su consejo en contra de su voluntad. A continuación, concedió una amnistía general a todos los deudores de su padre.

Su ascenso al trono como Enrique VIII fue el primero en casi 100 años que tuvo lugar pacíficamente. Hubo reacciones de euforia entre la población inglesa; muchos vieron amanecer una nueva edad de oro. En contraste con su padre, que se había hecho impopular con su política financiera en los últimos años, el joven y apuesto Enrique era extremadamente popular. También floreció el panegírico de los gobernantes: Tomás Moro escribió un volumen de poesía en el que describía a Enrique como un mesías que "enjugaría las lágrimas de los ojos de todos los hombres y traería la alegría en lugar de nuestro largo dolor". Lord Mountjoy escribió a Erasmo de Rotterdam: "Los cielos ríen, la tierra es exaltada, y todo está lleno de leche, miel y néctar. La codicia está desterrada de la tierra, la liberalidad distribuye la riqueza con mano generosa. Nuestro rey no desea oro ni joyas ni metales preciosos, sino virtud, fama e inmortalidad."

Dominion

El joven rey

Menos de dos meses después de su ascenso al trono, poco antes de cumplir 18 años, Enrique se casó con Catalina de Aragón el 11 de junio de 1509. Oficialmente, afirmaba estar cumpliendo la última voluntad de su padre, pero también se sentía atraído por ella. Tras la boda, escribió a su suegro: "Aunque aún fuéramos libres, ella es la que elegiríamos como esposa por encima de todas las demás". También describe cómo "besaba y abrazaba cariñosamente" a Catalina en público. La coronación conjunta con Enrique tuvo lugar apenas dos semanas después y fue de tal esplendor que el cronista Edward Hall escribió sobre ella:

Aunque se trataba de un matrimonio por amor, también había razones pragmáticas para el rápido enlace. Enrique había aprendido pronto, con la rebelión de Perkin Warbeck y la muerte de Arturo, lo frágil que era la joven dinastía Tudor. Para asegurar la sucesión, había que engendrar hijos lo antes posible. Pero el joven rey también estaba interesado en una alianza con España. A diferencia de su padre, Enrique buscaba la gloria en el campo de batalla y, con la ayuda de Fernando, el padre de Catalina, pudo librar una guerra contra Francia. Pocos días después de su coronación, murió la abuela de Enrique, Margarita Beaufort.

Enrique pasó los primeros meses de su reinado disfrutando. Se organizaron torneos y banquetes, se celebraron cacerías y de agosto a septiembre tuvo lugar el paseo real, durante el cual Enrique y Catalina visitaron diversos lugares del país. A Enrique le gustaba rodearse de jóvenes deportistas y astutos que compartieran sus intereses, pero también apreciaba los debates filosóficos con hombres cultos. Entre los amigos íntimos de su juventud se encontraban Charles Brandon, William Compton y Francis Bryan, aunque Enrique también acogía en su círculo a hombres de origen plebeyo. El 12 de enero de 1510, el rey se aventuró por primera vez en una justa, sin el conocimiento y en contra de la voluntad de su consejo. Junto con Compton, participó en el torneo disfrazado y se distinguió como un hábil lancero. En los años siguientes también montó justas con entusiasmo.

Al mismo tiempo, Enrique trabajó en la reconciliación con la Casa de York. Bajo su padre, sus parientes William Courtenay y Thomas Grey habían caído en desgracia bajo sospecha de conspiración y habían sido encarcelados durante años. Enrique restauró el título de Courtenay y, cuando éste murió inesperadamente, transfirió las tierras de Courtenay a su viuda, su tía Catalina de York. El 4 de agosto de 1509, dejó a Margaret Pole, prima viuda de su madre, una pensión anual de 100 libras. Su motivación puede explicarse, por un lado, por su fuerte sentido de la familia y, por otro, por su necesidad de distanciarse de su padre. Al mismo tiempo, sin embargo, Enrique también llevó un registro de los nobles que se habían beneficiado de su generosidad, "por lo que están particularmente vinculados a nosotros y, por lo tanto, deben servirnos verdadera y fielmente si y tan a menudo como las circunstancias lo requieran."

A diferencia de su desconfiado padre, Enrique se complacía en dejar los asuntos de gobierno en manos de su Consejo Privado. Thomas Wolsey, en particular, se convertiría rápidamente en un influyente amigo y consejero. Ya en noviembre de 1509, el astuto y carismático Wolsey se había convertido en limosnero de Enrique y participaba en las actividades del rey y sus amigos. A diferencia de los demás ministros, Wolsey animaba a Enrique a dejar la política a otros y dedicarse a sus placeres. De hecho, Enrique estaba tan poco dispuesto a tomarse tiempo extra para leer su correspondencia que lo hacía durante la misa vespertina.

Como el joven rey rara vez asistía a las reuniones del consejo, Wolsey pudo actuar como mediador y mensajero. Los nobles consejeros encontraban esta actividad por debajo de su dignidad, lo que el limosnero aprovechó hábilmente para convertirse en lugarteniente de Enrique. En reuniones a menudo informales con el rey, le presentaba asuntos de gobierno, incluidas las soluciones propuestas, y luego informaba al consejo de la decisión. De este modo, Enrique participaba en todas las decisiones importantes sin tener que atenerse a las instrucciones del consejo y Wolsey podía contar con la aprobación del rey a sus políticas. Apenas dos años después de subir al trono, Wolsey se había establecido firmemente como un influyente primer ministro al que Enrique valoraba más que a nadie.

Guerras italianas 1511-1525

La política europea de Enrique en los primeros años de su reinado se caracterizó principalmente por los conflictos de las Guerras Italianas. Inglaterra se alió inicialmente con España a través del matrimonio de Enrique con Catalina, pero disolvió esta alianza después de que Fernando de Aragón faltara repetidamente a su palabra. A esto siguieron alianzas cambiantes con los respectivos reyes de Francia y el Emperador del Sacro Imperio Romano Germánico. Como Francia y España y el Sacro Imperio Romano Germánico tenían más o menos la misma fuerza, el apoyo inglés a uno de los bandos podía inclinar la balanza, razón por la cual Inglaterra ayudó varias veces al mejor postor.

Guerra con Francia y Escocia (1512-1513)

Mientras su Consejo Privado instaba a Enrique a renovar los antiguos tratados de paz de su padre, el rey se esforzaba por alcanzar la gloria en el campo de batalla contra Francia, como había hecho su antepasado Enrique V. Su suegro Fernando de Aragón le alentaba en estos sueños con el fin de ganarle para su guerra contra Francia. Además, los sentimientos religiosos de Enrique se vieron heridos cuando el rey francés Luis XII amenazó con deponer al Papa Julio II. Por ello, en noviembre de 1511 se unió a la Liga Santa, cuyo objetivo era expulsar a los franceses de Italia. Si vencía a los franceses, Julio prometía a Enrique el dominio de Francia.

En septiembre había surgido una disputa entre Enrique y su cuñado Jacobo IV de Escocia cuando el corsario escocés Andrew Barton fue capturado en aguas inglesas y muerto por el almirante Edward Howard, hijo de Thomas Howard, 2º duque de Norfolk. La protesta de Jacobo fue rechazada por Enrique. Además, en enero de 1512, el Parlamento inglés declaró la supremacía de la corona inglesa sobre Escocia. Enfurecido, Jacobo renovó la *Auld Alliance* con Francia, en la que ambos países se comprometían a ayudarse mutuamente en caso de ataque. En abril de 1512, tropas inglesas al mando de Thomas Grey, 2º marqués de Dorset, desembarcaron en Guyenne, donde se suponía que se unirían a las tropas de Fernando. Pero en lugar de ello, Fernando invadió Navarra, por lo que las tropas inglesas quedaron atrapadas en Hondarribia y se amotinaron contra Dorset hasta que éste las hizo regresar a Inglaterra.

El comportamiento solapado de Fernando provocó tensiones iniciales entre él y Enrique, pero continuaron la guerra en 1513. El 30 de junio, Enrique cruzó personalmente el Canal de la Mancha con sus tropas y marchó hacia Thérouanne, donde se reunió con el emperador Maximiliano I el 12 de agosto. El 16 de agosto, ambos ejércitos derrotaron a los defensores franceses en la segunda batalla de los Espolones. Un valioso prisionero que Enrique tomó fue Luis, duque de Longueville. Al mismo tiempo, Catalina, como regente de Enrique, preparó a Inglaterra para un ataque de los escoceses. El 22 de agosto, Jaime IV cruzó la frontera inglesa y el 9 de septiembre de 1513, su ejército fue aplastado en la batalla de Flodden Field. El propio Jaime cayó en la batalla.

Alianza con Luis XII.

En marzo de 1514, Fernando y Maximiliano concluyeron una nueva alianza con Luis XII a espaldas de Enrique, aunque previamente habían firmado un tratado con éste para atacar de nuevo a Francia. Enfurecido por la nueva traición de su suegro, Enrique dio rienda suelta a Wolsey para negociar él mismo en secreto una paz con Francia. Wolsey sugirió a Enrique que casara a su hermana menor María Tudor con Luis. El rey francés ya tenía 52 años, estaba enfermo y no tenía hijos. Aunque Enrique no estaba en condiciones militares de conquistar Francia, su hermana como reina abría nuevas posibilidades. Si tenía un hijo, Francia se enfrentaba a una regencia en vista de la corta esperanza de vida que le quedaba a Luis, en la que Enrique podría ejercer influencia política a través de María.

Gracias a la mediación de Luis de Longueville, se concluyó rápidamente un tratado y en agosto se anunció la paz con Francia y se celebró el matrimonio de María por poderes. El 5 de octubre, Enrique condujo a su hermana a Dover, desde donde zarparía hacia Francia. Sin embargo, antes de partir, María le hizo una promesa a Enrique. Si sobrevivía a Luis XII, podría elegir ella misma a su próximo marido. Enrique probablemente sabía que María ya sentía algo por su amigo Charles Brandon. Brandon no era un buen partido para una princesa real, por lo que es poco probable que Enrique tuviera intención de permitir este matrimonio. Sin embargo, accedió, posiblemente para apaciguar las reticencias de su hermana.

Durante la estancia de María en Francia, la *Auld Alliance* quedó gravemente debilitada. Indirectamente, Enrique consiguió ayudar a su hermana Margarita, que había perdido la tutela de sus hijos a manos de John Stewart, II duque de Albany, por su segundo matrimonio. Este último se encontraba en Francia y Luis lo retuvo allí por lealtad a la familia de María. Sin embargo, Luis murió apenas once semanas después del matrimonio y Enrique envió a Charles Brandon a Francia para negociar la devolución de la dote de María. Hizo prometer a Brandon que no se casaría con su hermana en Francia. Sin embargo, María no tardó en crear hechos y se casó con su amante el 13 de mayo de 1515 con el apoyo del nuevo rey Francisco I. Aunque Enrique estaba furioso por el incumplimiento de la promesa de Brandon, seguía deseando mantener la alianza con Francia y finalmente perdonó a la pareja con la condición de que devolvieran la dote de su propio bolsillo.

Rivalidad con Francisco I.

En Francisco I había aparecido en la escena política un rey de casi la misma edad, con la misma ambición y educación que Enrique. Entre ambos reyes se desarrollaría una rivalidad que duraría toda la vida y que ya empezaba a manifestarse. Enrique hacía preguntas al embajador veneciano como "El rey de Francia, ¿es tan alto como yo?" y "¿Qué clase de piernas tiene?". La espectacular victoria de Francisco contra los suizos y la consiguiente recuperación de Milán eclipsaron los propios éxitos militares de Enrique. Cuando Francisco envió a Inglaterra en 1518 una delegación de sus favoritos más cercanos, para los que había creado el nuevo rango de *gentilhomme de le chambre*, Enrique respondió fundando los *Caballeros de la Cámara Privada*. Enrique logró un triunfo temporal sobre Francisco cuando vendió Thérouanne de nuevo a Francia y, con la ayuda de Wolsey y el apoyo del Papa León X, hizo que los gobernantes europeos firmaran un *Tratado de* Paz Universal, que pretendía actuar como una alianza contra el Imperio Otomano. Sin embargo, el emperador Maximiliano I murió apenas un año después y su sucesor Carlos V no renovó el tratado.

Para frenar la creciente influencia de Carlos, Enrique y Francisco I se reunieron para negociar en Balinghem, cerca de Calais, en junio de 1520. La reunión pasaría a la historia como el *Campo del Paño de Oro* (en francés: *Le Camp du Drap d'Or*). Para este encuentro de príncipes se erigió un palacio improvisado y se taló una colina para que ninguno de los gobernantes tuviera que mirar al otro mientras cabalgaban saludándose. Duró dieciocho días y se convirtió en una demostración de poder y extravagancia. Ambos reyes se aseguraron mutuamente su afecto en los tonos más cálidos, pero sin embargo trataron continuamente de superarse el uno al otro. Aunque se había procurado no enfrentar a los dos reyes en las competiciones deportivas, Enrique acabó retando a Francisco a un combate de lucha libre, que perdió para disgusto suyo. El último día del encuentro, los reyes oyeron misa juntos y se juraron amistad eterna.

Alianza con Carlos V.

Poco antes de la travesía para reunirse con Francisco, Enrique había concertado un encuentro con Carlos V en Dover. Como hijo de su hermana mayor Juana, Carlos era sobrino de Catalina, por lo que ésta esperaba una renovación de la alianza antifrancesa. Sus esperanzas se hicieron realidad en mayo de 1521 en un encuentro entre Enrique y Carlos en Calais, cuando ambos discutieron una nueva guerra contra Francia. El emperador necesitaba el apoyo inglés para asegurar su herencia española e hizo varias promesas a Enrique, entre ellas que se casaría con su hija la princesa María, que le daría a él mismo la mayoría de Francia y que apoyaría a Wolsey -ahora cardenal y Lord Canciller- como candidato al cargo de Papa. Así pues, en otoño de 1523, Enrique envió un ejército al mando de su cuñado Carlos Brandon a Calais para marchar sobre París, mientras que las tropas de Carlos desde el suroeste se dirigían a Guyena. Sin embargo, Brandon tuvo que dar marcha atrás a sólo 130 kilómetros de París, en parte debido a un cambio en el tiempo y en parte porque Carlos no cruzó la frontera sino que reconquistó Hondarribia.

Una vez más, los parientes de Catalina se habían aprovechado de Enrique y éste se quejó con tanta vehemencia de sus pérdidas financieras que la reina envió en secreto a su confesor al embajador de Carlos para advertirle de la ira de su marido. Como resultado, Enrique no envió tropas a Francia en 1524, tras lo cual Francisco dirigió personalmente su ejército a Italia para retomar Milán. Sin embargo, encontró mayor resistencia de la que esperaba, lo que Enrique comentó regodeándose: "Le será muy difícil llegar". No obstante, siguió negándose a enviar nuevos apoyos a Carlos.

El 24 de febrero de 1525, Carlos derrota a los franceses en la batalla de Pavía y hace prisionero a Francisco. Para alegría de Enrique, entre los muertos del ejército francés se encontraba Ricardo de la Pole, uno de los últimos pretendientes al trono de la Casa de York. Se apresuró a enviar a Carlos sus felicitaciones y propuestas para el reparto de Francia entre ambos. Mientras tanto, sin embargo, Carlos ya no le necesitaba como aliado, pues la guerra se había tragado vastas sumas de dinero y la paz con Francia le era más útil que un futuro matrimonio con la princesa María. Para disuadir a Enrique, Carlos planteó exigencias intolerables para una invasión de Francia, como la entrega inmediata de la princesa María junto con su dote y un préstamo igualmente cuantioso. Enrique y Wolsey se negaron unánimemente, lo que selló el fin de la alianza.

patti **S** icut erat.

"El gran asunto del rey"

La incierta sucesión al trono

En noviembre de 1509, Enrique anunció con orgullo a su suegro el primer embarazo de Catalina, pero el 31 de enero de 1510 la reina sufrió su primer aborto espontáneo, una niña. Para alivio de Enrique, Catalina volvió a quedarse embarazada rápidamente y dio a luz al príncipe heredero Enrique el día de Año Nuevo de 1511, pero el bebé murió sólo 52 días después, el 23 de febrero. Enrique y Catalina quedaron desolados y se prohibió ofrecerles consuelo alguno para no causarles más dolor. No obstante, el rey intentó consolar a su esposa diciéndole que era la voluntad de Dios y que no debía rebelarse contra ella. Siguieron otros abortos, uno en el transcurso de 1513 y otro a finales de 1514.

En febrero de 1516, Catalina finalmente dio a luz a una hija superviviente, María, en el palacio de Placentia en Greenwich, y durante un tiempo Enrique se mostró cautelosamente optimista. "Ambos somos jóvenes. Que sea una hija esta vez, si Dios quiere, le seguirán hijos". A pesar del afecto que sentía por su hija, esto no resolvía el problema de la sucesión. Según la ley inglesa, las hijas podían heredar el trono, pero quedaban sujetas a su marido tras su matrimonio. Si María se casaba con un príncipe extranjero y quedaba tradicionalmente subordinada a él como esposa, existía el peligro de que Inglaterra se convirtiera en un mero estado satélite. Casarse con una familia aristocrática inglesa podría a su vez despertar la envidia de otras familias poderosas y atraer pretendientes al trono. Además, existían prejuicios contra una mujer gobernante, ya que la última reina por derecho propio, Matilde, había sumido al país en una guerra civil.

La única solución que Enrique vio a todos estos problemas fue un hijo cuya pretensión al trono no pudiera ser discutida por nadie. En lugar de ello, Catalina dio a luz a otra hija en 1518, que murió poco después de nacer. Debido a sus embarazos y al dolor de su vida, la reina había perdido su buen aspecto y apenas era una pareja atractiva para Enrique. En su lugar, la amante de Enrique, Bessie Blount, le dio un hijo sano, Enrique Fitzroy, en 1519. Como hijo ilegítimo, no tenía derecho a heredar, pero dio a Enrique la certeza de que podía tener hijos.

En 1521, los únicos hijos legítimos de la Casa Tudor eran los sobrinos de Enrique: el rey menor Jacobo V de Escocia, hijo de Margarita Tudor, y Enrique Brandon, hijo de María Tudor, nacido en 1516. En vista de la incierta sucesión al trono, Enrique empezó a recelar de los miembros de la antigua nobleza que también eran de ascendencia real. Por ello, en abril de 1521, Edward Stafford, III duque de

Buckingham, que se había enemistado con Wolsey, fue condenado a muerte en un juicio espectáculo por traición, ya que supuestamente había deseado la muerte de Enrique. Además, Enrique elevó a Enrique Fitzroy a duque de Richmond y Somerset el 18 de junio de 1525, dando lugar a rumores de que el rey nombraría heredero a su bastardo.

Dudas sobre el matrimonio con Catalina de Aragón

Enrique había sido educado en la fe católica tradicional y mostró un gran interés por los asuntos religiosos durante toda su vida. En 1515, declaró con orgullo que era "el buen hijo del Papa y siempre estaré al lado de Su Santidad y de la Iglesia, a la que nunca abandonaré". En octubre de 1521, el Papa León X le concedió el título de *Defensor de la Fe* por su panfleto en defensa de la verdadera fe católica frente a la Reforma de Martín Lutero. También trató de encontrar consuelo en su creencia en la voluntad de Dios tras la muerte de su hijo. En vista de los abortos de Catalina, Enrique empezó a buscar una explicación religiosa a lo largo de los años. Como en aquella época los golpes del destino solían explicarse por la ira de Dios, Heinrich temía que su matrimonio con Catalina estuviera maldito. Creyó encontrar la confirmación en el Levítico, donde se dice que el hombre que toma por esposa a la viuda de su hermano se queda sin hijos (Lev 20:21).

El 24 de abril de 1509, antes de que se negociara el matrimonio, el embajador español Fuensalida ya había informado de que "un miembro del consejo del rey dijo que era muy improbable, porque por lo que conocían a Enrique, le pesaría en la conciencia casarse con la viuda de su hermano". Por tanto, es muy posible que Enrique estuviera plagado de dudas religiosas desde el principio, pero que las ignorara en su juventud debido a su amor por Catalina y a la dispensa papal. Ahora, sin embargo, Enrique estaba convencido de que el matrimonio de Catalina con Arturo se había consumado y que su matrimonio con ella era ilegítimo, razón por la cual ahora estaba siendo castigado por Dios. Sin embargo, ignoró deliberadamente el hecho de que, según *el Deuteronomio* (Deut. 25:5), era perfectamente permisible casarse con la viuda de su hermano siempre que permaneciera sin hijos.

La solución preferida de Enrique era anular su matrimonio con Catalina y casarse de nuevo. Probablemente ya se había enamorado en 1526 de la dama de compañía de Catalina, Ana Bolena, unos veinte años más joven que la reina. Como el propio rey no anunció su deseo de anulación a su confidente Wolsey hasta principios de 1527, su enamoramiento de Ana probablemente desempeñó un papel decisivo. Le escribió cartas de amor, que aparecieron en la Biblioteca Vaticana a finales del siglo XVII, y la mimó con regalos. Sin embargo, a diferencia de su hermana María Bolena, Ana no se convirtió en su amante. Según la tradición, mantuvo vivo el interés de Enrique diciéndole que, aunque le amaba, sólo podría casarse con él cuando estuvieran casados. Sin embargo, el biógrafo de Ana, George W. Bernard, considera más probable que Enrique se abstuviera voluntariamente de mantener una relación sexual hasta que su matrimonio con Catalina fuera anulado, para que los hijos con Ana fueran indiscutiblemente legítimos. Con el tiempo, sus sentimientos hacia ella adquirieron rasgos obsesivos, como relató más tarde Alexander Alesius:

Pasos legales

Seguro de poder separarse de Catalina, que ya tenía más de 40 años, Enrique prometió matrimonio a Ana el día de Año Nuevo de 1527. El cardenal Wolsey convocó entonces un tribunal en su propio palacio, York Place, el 17 de mayo de 1527, formado por él mismo como juez y el arzobispo de Canterbury William Warham como asesor, para investigar la legalidad del matrimonio del rey. Con su consentimiento, se dio a Enrique el papel de acusado, que vivía ilegalmente con la viuda de su hermano. El obispo John Fisher, sin embargo, argumentó con la posición del *Deuteronomio* y el derecho del Papa a dictar sentencia. Wolsey, que no era amigo de Ana Bolena, declaró entonces que el caso era demasiado difícil para resolverlo él mismo. Sin embargo, Enrique tenía motivos para estar confiado. Su ex cuñado Luis XII había conseguido anular su matrimonio sin hijos con Juana de Valois y Enrique mantenía buenas relaciones con el Papa. En 1515, había proclamado: "Creo que tengo suficiente influencia sobre el Papa para poder esperar que se ponga del lado que yo elija". Si Enrique seguía pensando así, pronto se demostró que estaba equivocado.

Apenas dos días después, el 2 de junio de 1527, llegó a Inglaterra la noticia de que Carlos V, sobrino de Catalina, había encarcelado al Papa Clemente VII en Castel Sant'Angelo tras el Sacco di Roma. Aunque era poco probable que Clemente gobernara ahora a favor de Enrique, el rey informó a la horrorizada Catalina de su intención el 22 de junio y envió a Wolsey a Aviñón en julio, donde los cardenales debían debatir su "gran asunto". Es de suponer que Enrique esperaba que Wolsey recibiera la autoridad de la asamblea de cardenales para anular su matrimonio mientras el Papa no pudiera actuar. Al mismo tiempo, envió a Roma a su secretario William Knight sin conocimiento de Wolsey para obtener la autorización papal para el matrimonio con Ana. Sin embargo, a Knight ni siquiera se le permitió comparecer ante el Papa. Además, Clemente prohibió a los cardenales asistir a la cumbre de Aviñón y Wolsey regresó con las manos vacías. En febrero de 1528, Stephen Gardiner y Edward Fox, preboste del King's College, viajaron a Roma para negociar con el Papa. El Papa concedió a Enrique una dispensa para casarse con Ana Bolena a pesar de su relación anterior con su hermana María. Sin embargo, se negó a concederle la anulación y utilizó en su negativa la frase *Non possumus, que* se hizo famosa a raíz de ello.

El Papa consiguió finalmente escapar al cabo de seis meses y envió al cardenal Lorenzo Campeggi a Inglaterra para que dictaminara sobre la legalidad del matrimonio real. Sin embargo, le había impuesto tantas restricciones que Campeggi apenas tenía autoridad para dictar sentencia. El 21 de junio de 1529, la pareja real tuvo por fin una audiencia personal en el monasterio dominico de Blackfriars, donde Catalina se arrojó a los pies de Enrique y le suplicó justicia, pues su honor y el de su hija estaban en juego. El Papa, aún bajo la presión de Carlos V, accedió finalmente a la petición de Catalina de oír el caso en Roma. El fracaso fue achacado a Wolsey, que cayó en desgracia. En octubre, fue puesto bajo arresto domiciliario y perdió todos sus cargos. Tras un intento de contactar en secreto con Roma, Francisco I y Carlos V, que fue interpretado como traición, Wolsey murió de camino a Londres. Como sucesor en el cargo de Lord Canciller, Enrique eligió a Tomás Moro, quien, a diferencia de Wolsey, le informaba detalladamente sobre los asuntos de Estado.

Ruptura con Roma

Por sugerencia de Ana Bolena, Enrique consultó al obispo Edward Fox, así como al profesor de teología Thomas

Cranmer, quien le aconsejó en 1529 que recabara la opinión de teólogos de universidades europeas para obtener la aprobación espiritual de la anulación. Una de las cuestiones que debía plantearse a los teólogos era si el Papa tenía autoridad para anular las leyes divinas. Con este fin, Cranmer fue enviado a Italia y Fox a Francia en 1530. Otro aliado fue el ministro de Enrique, Thomas Cromwell, jurista y antiguo servidor del cardenal Wolsey que, como Cranmer, simpatizaba con la Reforma. Desilusionado por las tácticas dilatorias de Roma, Enrique declaró airadamente en presencia de Catalina, el 30 de noviembre de 1529, que si el Papa no "declaraba nulo su matrimonio, denunciaría al Papa como hereje y se casaría con quien quisiera". De hecho, las influyentes universidades de Padua, Pavía, Ferrara y Bolonia se pronunciaron a favor de Enrique. El Colegio de la Sorbona hizo lo mismo el 2 de julio de 1530, en cuanto los hijos de Francisco I fueron liberados de su prisión por Carlos V.

En agosto de 1530, Enrique envió un mensajero al Papa para informarle de que era "costumbre en Inglaterra que nadie esté obligado a apelar a la ley fuera del reino" y que "esta costumbre y prerrogativa se apoyan en argumentos firmes y sólidos y tienen fundamentos verdaderos y justos". Enrique argumentó que nadie podía gobernar sobre una tierra que no estuviera sometida a él. En septiembre de 1530, Fox y Cranmer presentaron al rey un dossier en el que se referían al papa como "obispo de

Roma" y al rey como "vicario de Dios en la tierra". Según sus conclusiones, Enrique era el gobernante absoluto de su país, al que también estaba sujeto el clero, mientras que él mismo sólo era responsable ante Dios. En consecuencia, era la máxima autoridad espiritual en cuestiones de fe y podía encargar oficialmente al arzobispo de Canterbury que investigara sus dudas sobre su matrimonio con Catalina.

Guillermo el Conquistador, que había nombrado obispos e iniciado reformas eclesiásticas, sirvió de modelo histórico para esta redefinición radical de la realeza. Con este expediente, el Papa fue acusado oficialmente de usurpación, ya que había usurpado ilegalmente el poder de un rey en el propio reino de Enrique. Como resultado, en enero de 1531, Enrique exigió al clero un pago de 118.000 libras esterlinas (ahora más de un millón) como compensación por el supuesto abuso de poder. También exigió ser reconocido como *cabeza y único protector de la Iglesia inglesa*. El clero obedeció, pero cambió el título por el de Jefe de *la Iglesia inglesa, en la medida en que la ley de Cristo lo permitía*.

En la primavera de 1532, ante la insistencia de Enrique, el Parlamento aprobó una ley que suspendía el pago de anualidades al Papa si seguía negándose a la cancelación y, en su lugar, desviaba el dinero al tesoro real. Además, en marzo de ese mismo año, Cromwell denunció la corrupción y el abuso de poder por parte del clero. Enfurecido, Enrique acusó al clero en el Parlamento el 11 de mayo de 1532:

Muy conscientes de que Enrique les estaba acusando subliminalmente de traición con estas palabras, el clero firmó a regañadientes la llamada *Sumisión del Clero* el 15 de mayo, que establecía que las leyes eclesiásticas requerían la aprobación del rey al igual que las leyes seculares. Enrique también fue nombrado jefe de la Iglesia inglesa sin las restricciones anteriores, lo que suponía una violación directa de *la Carta Magna, que* estipulaba la independencia de la Iglesia respecto a la Corona. Como consecuencia, Tomás Moro dimitió como Lord Canciller sólo un día después.

En octubre de 1532, Enrique viajó a Calais con Ana para firmar un nuevo tratado con Francisco I y conseguir el apoyo de Francia en Roma y contra Carlos V. Es muy probable que Ana escuchara al rey durante este viaje y durmiera con él. Es muy probable que Ana escuchara al rey durante este viaje y se acostara con él. A pesar de seguir casado con Catalina y sin permiso papal, Enrique se casó en secreto con Ana, que ya estaba embarazada, el 25 de enero de 1533. Para que no pudiera cuestionarse la legitimidad del niño, el matrimonio con Catalina debía disolverse inmediatamente. Por esta razón, instó al Papa a nombrar a Thomas Cranmer nuevo arzobispo de

Canterbury. Clemente, esperando apaciguar a Enrique con un gesto amistoso, le concedió este deseo y envió las bulas pertinentes a Inglaterra. El 30 de marzo de 1533, cuatro días después de su llegada, Cranmer fue consagrado arzobispo.

Enrique ya había apartado a Catalina de la corte en agosto de 1531 y el domingo de Pascua, 12 de abril de 1533, Ana Bolena apareció oficialmente como reina por primera vez. Cranmer pidió ahora oficialmente permiso a Enrique para examinar legalmente su matrimonio con Catalina y lo declaró nulo el 23 de mayo. El Parlamento también aprobó el *Acta de Restricción de Apelaciones*, una ley que exigía que los procedimientos legales eclesiásticos tuvieran lugar en Inglaterra y prohibía cualquier apelación a un tribunal romano. Ana fue coronada reina el 1 de junio y dio a luz a su única hija Isabel el 7 de septiembre de 1533.

El 23 de mayo de 1534, el Papa declaró válido el matrimonio de Enrique con Catalina y le amenazó con la excomunión si no volvía con ella. El 3 de noviembre de 1534, Enrique impulsó entonces en el Parlamento el *Acta de Supremacía*, por la que el rey era reconocido como "cabeza suprema de la Iglesia de Inglaterra en la tierra" e Inglaterra renunciaba así definitivamente a la Iglesia romana. Fue el nacimiento de la Iglesia *de Inglaterra*.

...ton ... *& Cork, &c. Illustrissimi Ordinis Periscelidis Equiti* ...

Matrimonio con Ana Bolena y establecimiento de la Iglesia de Inglaterra

Aislamiento de Catalina de Aragón y la infanta María

El 5 de julio de 1533 ya se había emitido una proclama por la que Catalina, como viuda de Arturo, ya no podía ser llamada reina, sino sólo *princesa viuda*. Unos meses más tarde, se disolvió el hogar de la princesa María y se prohibió todo contacto con su madre. Ella misma fue enviada a Isabel como dama de compañía el 17 de diciembre de 1533. Como tenía mayor rango según la ley de primogenitura por ser la primogénita, fue una humillación deliberada convertirla en la sirvienta de su hermana menor. Con la *Primera Ley de Sucesión,* María fue declarada bastarda real por ley del Parlamento el 23 de marzo de 1534, mientras que los descendientes de Ana y Enrique eran ahora los primeros en la línea de sucesión al trono.

Cualquier intento de reintegrar a María en la línea sucesoria sería castigado con la muerte. El pueblo inglés tuvo que reconocer bajo juramento la supremacía de Enrique tanto sobre la Iglesia como sobre la ley sucesoria y jurarle obediencia. No obstante, la bastardía de María fue desaprobada, ya que habría sido posible preservar su legitimidad a pesar de la anulación del matrimonio de sus padres. En aquella época, la hermana de Enrique, Margarita Tudor, había obtenido la anulación de su segundo matrimonio, pero al mismo tiempo aseguró la legitimidad de su hija Margarita Douglas alegando que el matrimonio se había celebrado de buena fe. Es posible que Enrique hubiera hecho uso de esto si la princesa Isabel hubiera sido un varón, ya que habría tenido derecho al trono antes que su hermana. Sin embargo, como ahora había dos princesas, era necesaria una clara diferenciación.

Además del Acta de Sucesión, se había aprobado una nueva *Acta de Traición*, que convertía en alta traición cualquier denigración de Enrique, Ana e Isabel, así como un ataque a la autoridad de Enrique como cabeza de la Iglesia. Ahora se utilizaba contra cualquiera que se resistiera a Enrique. Entre los pocos que se negaron a prestar juramento estaban los monjes cartujos Tomás Moro y John Fisher, obispo de Rochester, defensor de Catalina de Aragón y de la princesa María. Todos ellos fueron encarcelados en la Torre de Londres en 1535 y ejecutados en mayo, junio y julio respectivamente, los monjes por ahorcamiento, destripamiento y descuartizamiento, Fisher y Moro por decapitación. Según el embajador imperial Eustace Chapuys, Ana instó a Enrique a dar ejemplo también con Catalina y María, ya que "merecen la muerte más que todos los que han sido ejecutados y que son la causa de todo esto".

Al igual que su madre, María se negó a aceptar la revocación de su título y se refería a Isabel simplemente como hermana, no como princesa de Inglaterra. Ana Bolena llamó a María "maldita bastarda" a la que había que "abofetear", por lo que Chapuys, entre otros, la culpó del mal trato que recibía María. Sin embargo, esto continuó incluso después de la muerte de Ana, por lo que sin duda puede atribuirse a Enrique. Enrique exigió obediencia incondicional a su hija y explicó al embajador francés que su sangre española la había hecho tan desafiante. Sin embargo, cuando mencionó la buena educación de María, Enrique, emocionado hasta las lágrimas, alabó los méritos de su hija. Su orgullo paternal por ella seguía ahí, pero no toleraría ninguna resistencia a su autoridad como cabeza de la Iglesia.

Estructura de la Iglesia Anglicana

Aunque a veces se afirma que Enrique acabó nombrándose jefe de la Iglesia inglesa por lujuria, ya en sus años mozos había declarado que se sentía responsable del bienestar espiritual de sus súbditos. Como escribió a Erasmo en 1527, antes incluso de pensar en romper con el Papa: "Nuestro pecho, sin duda inflamado por el Espíritu Santo, arde de pasión por restaurar la fe y la religión de Cristo a su dignidad original, para que la palabra de Dios fluya libre y puramente." Como el Papa le había denegado la anulación por obvias razones políticas y no religiosas, Enrique se sintió justificado durante toda su vida para romper con Roma y moldear la Iglesia inglesa según su propia interpretación de la Biblia.

En enero de 1535, Enrique concedió a Thomas Cromwell el cargo de *Vicegerente en lo Espiritual*, lo que le convertía en adjunto autorizado del jefe de la iglesia y le permitía, en consulta con el rey, inspeccionar los monasterios y darles nuevos estatutos. De este modo, Enrique tenía influencia directa sobre la vida cotidiana de las órdenes e incluso sobre las oraciones que se les permitía rezar. Por ejemplo, se obligó a los jefes de las órdenes a prestar juramento a la Supremacía y a la ley de sucesión al trono, anulando así la supuesta usurpación del Papa. También se les ordenó rezar diariamente en misa por Enrique y su "noble y legítima esposa, la reina Ana".

Enrique también puso fin al uso de reliquias e imágenes supuestamente milagrosas, con las que los monjes hacían lucrativos negocios. Se pidió a los peregrinos que hicieran donativos a los pobres y no a las imágenes. Se prohibía a los monjes salir del recinto del monasterio o tener contacto con mujeres. Se les ordenaba llevar una vida sencilla tanto en la comida como en la ropa. Al mismo tiempo, ya se hacía evidente que el rey consideraba superflua la vida monástica, pues para él la verdadera religión significaba "pureza de espíritu, pureza de estilo de vida, fe no adulterada en Cristo y caridad fraterna", para lo cual no eran necesarias las órdenes religiosas ni los monasterios. Como a los monjes ya no se les permitía salir de sus monasterios, no podían ni cobrar rentas ni vender sus productos, lo que les llevaría a la bancarrota y al hambre en un futuro próximo.

En marzo de 1536 entró en vigor la *Ley de Supresión de los Monasterios Menores*, que supuso la disolución de los pequeños monasterios. Los edificios fueron demolidos y los bienes de la orden, unos 2,5 millones de libras (actualmente más de mil millones de libras), pasaron al Tesoro de la Corona. Probablemente, la disputa de Enrique con su pariente lejano Reginald Pole también tuvo algo que ver. Después de que Enrique pidiera a Pole, un diácono que vivía en Italia, que explicara su verdadera opinión sobre la anulación y la ruptura con Roma en 1535, Pole envió una respuesta mordaz y sin rodeos en 1536, que enfureció a Enrique y posiblemente le llevó a tomar medidas más duras contra los monasterios. El desposeimiento de los obispos italianos que tenían diócesis en Inglaterra y las muertes de Thomas Fisher y Charles Booth significaron que Rochester, Hereford, Salisbury y Worcester necesitaban nuevos obispos. Ana Bolena y Thomas Cromwell participaron activamente en el nombramiento de obispos de la Reforma y Enrique confirmó el nombramiento el 8 de julio de 1535, pero el rey no estaba dispuesto a tolerar lo que consideraba enseñanzas luteranas heréticas. Aunque en un principio Enrique se había mostrado bastante dispuesto a entablar una alianza con la Liga de Esmalcalda, las diferencias entre su pretensión de ser cabeza de la Iglesia y los principios religiosos de los príncipes protestantes alemanes resultaron demasiado grandes.

Hacia 1530, Enrique ya había declarado su intención de promover una traducción inglesa del Nuevo Testamento. La primera traducción inglesa fue la *Biblia de* Coverdale, realizada por Miles Coverdale. Sin embargo, se basaba en parte en la traducción de la Biblia de William Tyndale, prohibida en Inglaterra, por lo que Enrique no la autorizó. En 1537 se publicó la *Biblia de Mateo*, que combinaba las traducciones de Tyndale, Coverdale y John Rogers. Sin embargo, debido a algunos elementos protestantes, sobre todo en las traducciones parciales de Tyndale, se consideró problemática, por lo que Coverdale volvió a revisarla. En 1539, se publicó finalmente como la *Gran Biblia* y se hizo obligatoria en todas las iglesias. Años más tarde, Enrique explicaría que había aceptado la traducción de la Biblia para que los nobles de su reino pudieran "formar sus propias conciencias e instruir a sus familias e hijos". En ningún caso quería que la palabra de Dios fuera "discutida, rimada, cantada y regañada en todas las tabernas y posadas".

Los *Diez Artículos* aparecieron en agosto de 1536. Reconocían las Sagradas Escrituras como norma de fe y restringían los sacramentos al bautismo, la penitencia y la comunión. Sin embargo, Enrique llevó estos puntos de vista demasiado lejos, y en 1537 ordenó que los Diez *Artículos fueran* sustituidos por la *Institución del Hombre Cristiano*, con el objetivo de aclarar "ciertas diferencias de opinión sobre la religión y la fe cristianas, no sólo en este reino, sino entre todos los pueblos del mundo". Irónicamente, Enrique se remitía exclusivamente a las Sagradas Escrituras, al igual que Lutero, pero rechazaba las doctrinas protestantes fundamentales.

A partir de 1538, Enrique hizo disolver todos los monasterios ingleses y confiscó sus posesiones. Los monjes que cooperaron con él recibieron generosas pensiones. Los que se resistieron, como los abades de Reading, Glastonbury y Colchester, fueron arrestados y ahorcados como traidores. En 1539, el Parlamento también aprobó la *Ley para la Abolición de la Diversidad de Opiniones*, también conocida como *Ley de los Seis Artículos*. Estos confirmaban la doctrina de la transubstanciación, la concomitancia, la prohibición del matrimonio sacerdotal, el celibato, la misa de difuntos y la confesión. Estos puntos representaron un revés para la facción de los reformadores, a la que pertenecían Cranmer y Cromwell, sobre todo porque las ofensas se castigaban como herejía bajo las penas más severas. Los católicos que se adhirieron a la Iglesia romana, pero también los protestantes, fueron perseguidos, encarcelados y ejecutados, a veces el mismo día. En 1544, Cranmer publicó su *Exhortación y letanía*, que complementaba la misa, todavía en latín, con sermones, letanías y oraciones para las procesiones en inglés.

Crisis matrimonial y Jane Seymour

Sin embargo, la fe de Enrique en que había actuado según la voluntad de Dios se puso a prueba cuando Ana Bolena tampoco le dio un hijo. Probablemente sufrió un aborto en 1534 y no volvió a quedarse embarazada hasta el otoño de 1535. A esto se sumaron los ocasionales problemas de disfunción eréctil de Enrique, posiblemente por motivos de salud. El rey también esperaba que Ana se comportara como una esposa obediente tras el matrimonio. Sin embargo, a diferencia de Catalina, no toleró en silencio los coqueteos de Enrique con otras mujeres, lo que provocó varias riñas entre ellos. Chapuys relató cómo Enrique acabó respondiendo duramente a Ana "que debía cerrar los ojos y sufrirlo, como habían hecho antes que ella hombres mejores", y que ella "debía saber que estaba en su mano degradarla más en un momento de lo que él la había elevado". Los historiadores suelen ver en estas palabras la prueba de que el amor de Enrique por Ana se desvaneció rápidamente tras el matrimonio y de que desde el principio jugó con la idea de volver a desprenderse de ella. Sin embargo, hasta abril de 1536, el rey se esforzó por persuadir a Carlos V de que reconociera y respetara a Ana como su esposa. Durante la gira de la corte en el verano de 1535, Ana consiguió ganarse más apoyo de la población, pero los países católicos extranjeros seguían negándose a reconocerla como reina.

El 7 de enero de 1536, Catalina de Aragón murió de cáncer. La primera reacción de Enrique ante su muerte fue de alivio por haber alejado la amenaza de invasión de Carlos V. Al día siguiente, domingo, Enrique se vistió completamente de amarillo y visitó a Ana en sus aposentos, donde la abrazó y la besó. Al día siguiente, domingo, Enrique se vistió completamente de amarillo y visitó a Ana en sus aposentos, donde la abrazó y la besó. Sin embargo, comenzaron a surgir nuevas tensiones entre él y Ana. El primo de Enrique, Enrique Courtenay, I marqués de Exeter, y su esposa Gertrudis informaron a Chapuys de que el rey había dicho que había contraído matrimonio "por brujería y por eso lo consideraba nulo". La razón que dio fue que Dios aún no le favorecía con un hijo "y pensó que podría tomar otra esposa". También se decía que Ana se sentía insegura. Si Enrique hubiera anulado también su matrimonio, habría tenido que volver con Catalina en vida de ésta, mientras que ahora tenía vía libre para repudiar a Ana. El propio Chapuys no creía el rumor, sobre todo porque Ana estaba embarazada y el rey aún esperaba un hijo.

El 24 de enero, Heinrich fue arrojado de su caballo durante una justa y enterrado bajo el animal. Según Borman, la afirmación de que Enrique estuvo inconsciente durante dos horas procede del informe de un hombre que se encontraba a kilómetros de distancia de la corte en ese momento. El propio Chapuys se limitó a escribir en una carta que el rey se cayó y que su supervivencia fue poco menos que un milagro. Poco después, Enrique admitió tener dificultades con una úlcera en la pierna. Enrique ya había sufrido una úlcera en la pierna en 1528, aunque fue curada por un médico de Canterbury en aquel momento. Se pensó que la causa eran las varices o una inflamación crónica de la médula ósea. Sólo cinco días después, el día del funeral de Catalina, Ana Bolena tuvo otro aborto, esta vez de un hijo. Según Chapuys, Enrique apenas le dirigió la palabra, salvo para decirle que "no agradaba a Dios darle descendencia masculina". En la misma carta, Chapuys menciona también por primera vez a Jane Seymour, a quien el rey había colmado de regalos recientemente.

Contrariamente a todas las leyendas, Enrique no conoció realmente a Jane hasta alrededor del día de Año Nuevo de 1536. A diferencia de Catalina y Ana, no era ni hermosa ni especialmente inteligente. Sin embargo, se comportaba con el rey con dulzura y obediencia, lo que contrastaba con la mordacidad de Ana. Después de las agotadoras batallas que Enrique había librado para casarse con Ana, tenía poca paciencia para las discusiones vociferantes y los desafíos, sobre todo a medida que se hacía cada vez más evidente cuántos de sus amigos le habían dado la espalda por culpa de Ana. Puede que al principio Jane sólo hubiera sido una aventura para Heinrich. Sin embargo, cuando le envió un monedero y una carta, recibió ambos de vuelta de ella sin abrir con la modesta petición de que sólo le regalaría dinero cuando a Dios le placiera enviarle un buen partido. Impresionado por su virtud, Heinrich sólo la veía en presencia de sus parientes. La facción conservadora de la corte, especialmente sir Nicholas Carew, apoyó con entusiasmo a Jane e incluso el antiguo aliado de Ana, Thomas Cromwell, que se había enemistado con la reina, cedió a Jane sus aposentos en la corte, que estaban conectados con los de Enrique por pasadizos secretos.

El caso de Ana Bolena

El nuevo amor de Enrique era la oportunidad que esperaban los adversarios de Ana. Poco después de que el rey persuadiera a Chapuys para que presentara sus respetos a Ana como reina el 18 de abril, Cromwell utilizó las discusiones entre Ana, el músico Mark Smeaton y el *novio de Enrique*, Henry Norris, para conspirar contra la reina. Las discusiones con ambos hombres fueron presentadas como adulterio para acusar a Ana de traición. Ana había acusado a Norris, entre otros, de estar interesado en ella en caso de que le ocurriera algo al rey. Los historiadores discrepan sobre el grado de implicación de Enrique en la intriga. Eric Ives considera a Cromwell como el instigador y a Enrique como desprevenido, precisamente porque el rey seguía presionando a Carlos V para que reconociera a Ana como reina hasta el 30 de abril. Tracy Borman, en cambio, considera posible que Enrique accediera a la intriga de Cromwell y desempeñara deliberadamente el papel de marido cornudo para deshacerse de Ana. Cita como indicio de ello el hecho de que Enrique regalara a Cromwell ese mismo mes una casa solariega nueva y completamente amueblada, posiblemente como recompensa.

Como mínimo, es seguro que Enrique conocía la disputa de Ana con Norris. Según la ley, incluso predecir la posible muerte del monarca era traición, sobre todo porque Ana había forzado literalmente a Norris según las normas morales imperantes. Enrique se enfrentó entonces airadamente a ella. Alexander Alesius observó la escena, pero sólo desde la distancia. "No sabía muy bien lo que había pasado, pero las caras y los gestos de los interlocutores mostraban claramente que el rey estaba enfadado, aunque era un maestro en disimular su ira". Al día siguiente, 1 de mayo de 1536, Enrique se enteró durante un torneo de que Mark Smeaton había confesado haber cometido adulterio con Ana. Ives conjetura que Enrique vio la disputa de Ana con Enrique Norris bajo una luz completamente nueva tras esta noticia, a saber, que Norris también había sido su amante. El rey huyó a toda prisa del torneo y cabalgó hasta Whitehall con Henry Norris. Por el camino, le interrogó y le ofreció el perdón completo si admitía haber cometido adulterio con la reina. Sin embargo, Norris se negó a hacer una confesión falsa y fue encarcelado en la Torre. Ana también fue arrestada, al igual que su hermano Jorge y los cortesanos Francis Weston y William Brereton.

El propio Heinrich se aisló del mundo exterior durante esos días y se le veía a menudo en el jardín o en su barca por la noche. Su estado mental parecía preocupante. La noche siguiente a la detención de Ana, cuando su hijo ilegítimo Enrique Fitzroy fue a verle, el rey le abrazó y sollozó diciendo que Fitzroy y su hermanastra María "deben a Dios haber escapado de las manos de esa maldita ramera que intentó envenenarlos a ambos". Aunque no hay pruebas de que Ana quisiera envenenar a los hijos de Enrique, su empeño en ejecutar a Catalina y María puede que ahora le pareciera diferente. También afirmó que Ana había tenido más de cien amantes, y

Chapuys llegó a afirmar que el rey había escrito una tragedia por autocompasión, que llevaba consigo y obligaba a leer a los cortesanos.

Tras ser condenada como adúltera, el rey anuló su matrimonio con Ana el 17 de mayo. Como los papeles se perdieron, ya no se conoce la razón oficial, sólo que había "ciertos impedimentos justos, verdaderos y legítimos" para este matrimonio que hasta entonces se desconocían. Chapuys informa de la posibilidad de que se hubiera retomado un compromiso anterior entre Ana y Enrique Percy, VI conde de Northumberland, aunque Northumberland lo negó rotundamente una vez más (de hecho, el compromiso, que había existido poco tiempo, se ultimó probablemente en la primavera de 1523). En su lugar, Ives considera más probable que el motivo fuera la relación sexual de Enrique con María Bolena. Aunque el rey ya sabía en el momento de casarse con Ana que, según Lev 18:16, era contrario a la ley divina casarse con la viuda de su hermano (es decir, Catalina de Aragón), ignoraba que el matrimonio con la hermana de una antigua amante (es decir, María Bolena) también podía ser ilegal. La razón que Ives da para este argumento es que la *2ª Acta de Sucesión* declaró oficialmente ilegales tales uniones sólo unos meses después. Sin embargo, como la anulación significaba que Ana nunca había sido la verdadera esposa de Enrique, no podía, en sentido estricto, haber sido condenada por adulterio. Para algunos historiadores, esto reduce la acusación al absurdo. Dos días después de la anulación, Ana fue ejecutada en los terrenos de la Torre de Londres el 19 de mayo de 1536, justo un día después que su hermano y Brereton, Norris, Smeaton y Weston, que también habían sido condenados.

Consolidación de la supremacía

Capitulación y reconciliación de María

El 30 de mayo de 1536, Enrique se casó con Jane Seymour, para regocijo general de la facción conservadora de la corte. Sir John Russell escribió sobre el matrimonio con Juana en comparación con el de Ana que "el rey pasó del infierno al cielo por la bondad en éste y la horribilidad y miseria en el otro". Muchos opinaban que Enrique sólo había sido tentado a romper con Roma por Ana y que ahora, con una reina conservadora a su lado, revertiría las impopulares reformas. La participación de Enrique en la procesión con motivo del Corpus Christi, una festividad totalmente católica, encajaba en esta idea. Stephen Gardiner esperaba una reconciliación con Roma, Nicholas Carew la reinstalación de la princesa María en el trono.

De hecho, el Papa Pablo III propuso a Enrique una reconciliación, junto con la participación en el *Concilio General de la Iglesia* en Mantua. Su condición era que Inglaterra volviera al seno de la Iglesia y recibiera la absolución. Carlos V también estaba dispuesto a reconciliarse con Enrique, ahora que tanto su tía como

Ana Bolena habían muerto. Enrique, sin embargo, consideraba que su condición de cabeza de la Iglesia le venía dada por Dios. A través de sus enviados, presionó a María para que le reconociera como cabeza de la Iglesia y su matrimonio con Catalina como inválido. Jane Seymour intentó persuadirle de que restituyera a su hija en la línea sucesoria, pero el rey le dijo que "era una tonta", ya que "debería trabajar por el progreso de los hijos que tendrían juntos, no de otros".

Hasta que María no se sometió oficialmente a él por escrito, el 22 de junio de 1536, no se reconcilió con ella. El 6 de julio, padre e hija se reencontraron por primera vez en cinco años. Enrique se comportó cariñosamente y le hizo regalos. Poco después, fue llamada a la corte y sólo tuvo que ceder el paso a la reina. De este modo, la facción conservadora quedó privada de toda base de resistencia. El 30 de junio, el Parlamento aprobó la *Segunda Ley de Sucesión*, que bastardizaba tanto a María como a Isabel y convertía en herederos legítimos al trono sólo a los descendientes de Juana -o a los de una futura esposa-. Como ésta aún no existía, el Acta otorgaba a Enrique el poder sin precedentes de determinar su sucesor por testamento. Es concebible que Enrique mantuviera abierta la posibilidad de nombrar heredero a su hijo bastardo Enrique Fitzroy. Sin embargo, el niño murió sólo dos meses después que Ana Bolena.

Peregrinación de gracia

En respuesta al cierre de los monasterios y a la bastardía de María, en octubre de 1536 estalló la Peregrinación de Gracia bajo el liderazgo del abogado Robert Aske. Se convirtió en la mayor crisis durante el reinado de Enrique y exigió la restauración de los monasterios y del estatus de María. Tanto María como Isabel fueron llevadas a la corte y tratadas con honores reales. La propia reina Juana suplicó de rodillas a Enrique clemencia para los rebeldes. Su respuesta fue brusca y amenazadora. "Le ordenó, con toda calma, que se levantara y que le había dicho varias veces que no interfiriera en sus asuntos, refiriéndose a la última reina. Fue suficiente para asustar a una mujer que no se siente muy segura".

Como Enrique era militarmente inferior a los rebeldes, tuvo que negociar y envió a Thomas Howard, III duque de Norfolk, a Doncaster, donde los rebeldes habían reunido entre 30.000 y 40.000 hombres. Norfolk pidió a Enrique que al menos hiciera el amago de satisfacer las demandas de los rebeldes y se le otorgó la autoridad para emitir un perdón general. Enrique accedió inicialmente, pero excluyó explícitamente a los cabecillas. Ya en noviembre, Chapuys temía que Enrique sólo quisiera tranquilizar a los rebeldes para vengarse más tarde. Borman también sospechaba que Enrique quería poner a prueba su lealtad enviando tanto a Norfolk como al igualmente conservador Sir Francis Bryan al campo de batalla contra los rebeldes.

El 8 de diciembre, el ejército rebelde fue oficialmente disuelto y en la Navidad de 1536, Enrique invitó a Robert Aske a la corte. Le prometió una sesión parlamentaria en York sobre las demandas de los peregrinos y reafirmó su perdón general. En cuanto Aske se hubo marchado, Enrique envió a Norfolk de vuelta al norte para que prestara juramento a los peregrinos de aceptar a Enrique como cabeza de la Iglesia, el cambio en la sucesión al trono y la disolución de los monasterios. Aquellos que se negaran a prestar juramento serían tratados como traidores. Esto significaba que los peregrinos habían renunciado a todo por lo que habían luchado. Cuando las revueltas estallaron de nuevo en febrero de 1537, Enrique ya no se sintió obligado por sus promesas. Esta vez encontró un apoyo más amplio entre la población y la nobleza local, que le ayudaron a sofocar el levantamiento con derramamiento de sangre. Los líderes, entre ellos Robert Aske y Thomas Darcy, fueron ejecutados como traidores.

Nacimiento del príncipe heredero y muerte de Jane Seymour

El 23 de mayo de 1537 se anunció en la corte que Jane Seymour estaba embarazada y el 29 de mayo se celebró una misa solemne. Los embarazos sólo se hacían oficiales cuando la reina sentía los síntomas del parto y Enrique utilizó su estado como excusa para no viajar al norte, como había prometido a Aske en Navidad. Escribió a Norfolk que si estaba tan lejos de ella y en una tierra tan agitada, probablemente se asustaría, lo que podría tener consecuencias desastrosas dado su embarazo. Como era habitual en las reinas, Jane se retiró a la cámara de maternidad de Hampton Court el 16 de septiembre, donde dio a luz al tan esperado príncipe heredero Eduardo el 12 de octubre.

Sin embargo, la alegría de Enrique por su hijo se vio empañada cuando Jane enfermó de fiebre puerperal poco después. La reacción de Enrique ante su enfermedad parece extraña, ya que en cualquier caso le dijo a Russell que visitara su casa solariega en Esher el 25 de octubre. "Si ella se recupera, él irá. Si no se recupera, me dijo hoy, no tendrá corazón para quedarse". Jane murió en la noche del 24 de octubre. No se sabe con certeza si Heinrich estuvo con ella, pero se sabe que no se casó hasta relativamente mucho tiempo después de su muerte (unos cuatro años). Más tarde diría que había amado a Jane como a la que más de todas sus esposas, posiblemente porque ella le había dado el heredero al trono que tanto había anhelado. Además, Enrique había vuelto a enamorarse principalmente cuando se había cansado de una esposa. Durante su matrimonio con Jane, sin duda había hecho cumplidos a bellas damas, pero hasta la muerte de Jane no había habido ninguna nueva aspirante al favor real. No obstante, Enrique parecía inclinado a casarse de nuevo, organizando un alojamiento temporal para sus damas de compañía y organizando viajes de placer para ellas a sus expensas en lugar de disolver el hogar de Jane.

Enrique dedicó todo su esmero al alojamiento y cuidado del pequeño príncipe Eduardo. Hizo construir para él su propio alojamiento en Hampton Court, donde el niño estaba a salvo de las enfermedades de Londres. Para evitar infecciones, hizo construir la cocina cerca de los aposentos de Eduardo y su comida era inspeccionada por un catador. Para evitar que su ropa se envenenara, había que revisarla antes de ponérsela y las prendas nuevas se lavaban y perfumaban a fondo antes de usarlas por primera vez. A partir de marzo de 1539, Enrique ordenó que las paredes, techos y suelos de los aposentos del príncipe se fregaran varias veces al día. Los miembros de su familia sólo podían estar en su vecindario si no presentaban síntomas de enfermedad.

Sin embargo, las visitas personales del rey eran poco frecuentes. Sus hijos crecían en sus propios hogares y sólo eran llamados a la corte en Navidad y Pascua. Sin embargo, hay constancia de una visita de Enrique en mayo de 1538, durante la cual "bromeó con su hijo en brazos durante largo rato con mucha alegría y regocijo y lo sostuvo junto a la ventana para la vista y consuelo del pueblo". No obstante, es posible que Enrique sintiera un resentimiento subyacente hacia Eduardo, ya que el niño se quejó más tarde: "Qué infeliz he hecho a los míos matando a mi madre cuando nací".

Eliminación de los nobles conservadores

Tras la *Peregrinación de Gracia,* creció la desconfianza de Enrique hacia las fuerzas conservadoras del país. En particular, su primo Henry Courtenay, I marqués de Exeter y la familia Pole, a la que pertenecía el renegado cardenal Reginald Pole, podían representar una alternativa a Enrique para los descontentos debido a su ascendencia de la casa real de York. Los intentos de Enrique de secuestrar o hacer asesinar a Pole habían fracasado hasta el momento. Como la influyente y conservadora nobleza era también una espina en el costado de Cromwell, no le resultó difícil convencer a Enrique con pruebas exageradas de que Courtenay y los Pole estaban conspirando contra él con potencias extranjeras. En el curso de la llamada Conspiración de Exeter, los primos reales Enrique Courtenay y Enrique Pole, 1er barón Montagu y los amigos íntimos de Enrique, Sir Edward Neville y Sir Nicholas Carew, fueron acusados de alta traición y decapitados.

No está claro si Enrique estaba convencido de las acusaciones o si actuaba por cálculo político. A pesar de la condena de Neville como traidor, Enrique siguió mostrando afecto por su hijo de dieciocho años Enrique Neville, su propio ahijado. A partir de octubre de 1539, le concedió una pensión anual, le envió en viaje diplomático a Francia y, máxima muestra de su confianza, le nombró *Gentilhombre de la Cámara Privada*. El hijo de Courtenay, Edward, en cambio, permaneció en la Torre tanto durante el reinado de Enrique como el de Eduardo. La madre de Reginald Pole, Margaret Pole, octava condesa de Salisbury, también permaneció encarcelada y fue ejecutada dos años más tarde. Eustace Chapuys conjetura que el objetivo principal era eliminar al defensor de la princesa María.

Medidas contra las invasiones extranjeras

Fortificación de Inglaterra

Apenas un mes después del nacimiento del príncipe Eduardo, Francisco I y Carlos V concluyeron una tregua, que más tarde fue ampliada a diez años por el papa Pablo III. Esto significaba que dos de los grandes imperios católicos se aliaban contra los países de la Reforma. Para no quedar completamente aislado políticamente, Enrique buscó de nuevo el diálogo con la Liga de Esmalcalda y en mayo de 1538 una delegación alemana visitó Inglaterra. Para demostrar el fervor reformista de Inglaterra, Enrique hizo que los hombres de Cromwell destruyeran santuarios y cultos de santos, incluido el magnífico santuario de Tomás Becket. El Papa ya había completado la bula de excomunión el 30 de agosto de 1535, pero no se aplicó porque Roma esperaba recuperar a Enrique. Sin embargo, tras la profanación de la tumba de Tomás Becket, Pablo III renovó la bula en diciembre de 1538 e intentó persuadir a Carlos V y Francisco I para que invadieran Inglaterra.

Enrique puso entonces a Inglaterra en estado de alerta. Inspeccionó personalmente las fortificaciones de Dover, hizo levantar tropas y ordenó modernizar y ampliar la armada. Los tres barcos más antiguos, *Mary Rose*, *Peter Pomegranate* y *Great Harry,* fueron completamente reconstruidos y equipados con cañones. En los años comprendidos entre 1539 y 1544, ordenó la construcción de nueve barcos nuevos y compró otros cuatro. Al construir la flota, Enrique se centró en tener varios buques de guerra grandes acompañados de embarcaciones más pequeñas, que también se utilizaban para patrullar y como escolta de los barcos pesqueros.

A diferencia de su padre, Enrique también estableció una administración que se ocupaba regularmente del mantenimiento de los barcos, hizo construir nuevos diques secos y amplió los puertos existentes. Además, se crearon las *Fundiciones Reales de Cañones,* encargadas de la fabricación de cañones. También se refortificó la frontera con Escocia y se construyó toda una cadena de nuevos fuertes en la costa sur. En conjunto, fue el mayor proyecto de construcción militar entre la conquista normanda y las guerras napoleónicas.

Matrimonio político con Anna von Kleve

Para encontrar aliados en política exterior, Enrique estaba dispuesto a contraer un nuevo matrimonio. Cromwell ya había propuesto un matrimonio a una hermana del duque de Cleves, Guillermo V, en 1538. Sin embargo, en marzo de 1538, Enrique seguía acariciando la idea de casarse con Cristina de Dinamarca, por lo que envió a Hans Holbein a pintarla. Se dice que ella respondió burlonamente que si tuviera dos cabezas, con gusto pondría una de ellas a disposición del rey de Inglaterra. Holbein pintó a otras cinco candidatas, pero sus retratos no han sobrevivido. Como todas estas negociaciones matrimoniales resultaron infructuosas, Heinrich envió finalmente a Holbein a Cleves en 1539 para que pintara el retrato de Ana de Cleves. Cromwell, que estaba a favor del matrimonio, mostró a Enrique los retratos, tras lo cual el rey aceptó el matrimonio. Sin embargo, para cortar de raíz cualquier expectativa de los reformadores religiosos, declaró con firmeza que se trataba de un matrimonio puramente político del que sólo Cromwell era responsable.

Sus biógrafos difieren en su valoración del deseo real de Enrique de casarse con Ana. Borman, refiriéndose a las amistosas propuestas de Enrique a los franceses, afirma que el entusiasmo de Enrique por el matrimonio se enfrió rápidamente. Sin embargo, según Starkey, Enrique ya estaba decidido a casarse con una de las hermanas Cleves en julio de 1539. Como prueba, cita el hecho de que los enviados de Enrique insistieron en ver los rostros de Ana y Amalia, ya que "una de ellas sería su reina" y sólo entonces se pintó el retrato de Ana. En cambio, Starkey cree que Enrique se enamoró de una idea que fue alimentada con entusiasmo por Cromwell y sus partidarios. El contrato matrimonial se firmó el 4 de octubre. Ana salió de Düsseldorf en noviembre, pero no pudo viajar de Calais a Dover hasta el 27 de diciembre debido al mal tiempo.

Heinrich ya estaba decepcionado en su primer encuentro secreto en Rochester. Anna no le reconoció como su futuro marido, ya que llegó sin anunciarse y disfrazado. En este caso, Enrique juega con un motivo popular del romance caballeresco en la corte inglesa, en el que el amante siempre es reconocido por la dama de su corazón, incluso disfrazado. Ana, en cambio, no sabía nada de este juego cortesano y por eso se comportó reservadamente con el desconocido, que la besó de repente, lo que Enrique tomó como una humillación. Sólo cuando regresó vestido de rey le hizo el honor, pero el daño ya estaba hecho.

Ya fuera por orgullo herido o por verdadera decepción, Heinrich sintió repulsión por Ana. Le dijo sombríamente a su compañero: "No veo en esta mujer nada de lo que otros hombres dicen de ella. Y me asombra que hombres sabios hagan tales informes". A la pregunta de Thomas Cromwell sobre cómo le había agradado Ana, Enrique contestó sin amabilidad: "No tan bien como se ha hablado de ella", y declaró que si lo hubiera sabido de antemano, no habría venido a su reino. Instó a Cromwell a encontrar una solución para no tener que casarse con Ana, pero no se pudo encontrar ninguna razón oficial para negarse a casarse con ella. Su anterior compromiso con Francisco I, hijo y heredero del duque de Lorena, había sido debidamente anulado. Enrique se quejó amargamente de esta injusticia. "Si no tuviera miedo de causar una tormenta en el mundo -de ser la causa de que su hermano cayera en manos del emperador- nunca me casaría con ella".

La boda se celebró el 6 de enero de 1540. A la mañana siguiente de la noche de bodas, Enrique estaba de muy mal humor, alegando que ella no podía ser virgen dados sus pechos y vientre y que él no habría podido consumar el matrimonio, aunque negó firmemente cualquier duda sobre su potencia. La propia Ana dijo a sus damas de compañía que el rey sólo la besaba y le deseaba buenas noches o buenos días. El matrimonio fue anulado en julio de 1540, muy a pesar del pueblo, con el que la nueva reina gozaba de gran popularidad. Como Ana se mostró cooperadora, el rey la adoptó como su "buena hermana" y le regaló varios castillos, fincas y tierras, así como una pensión de unas 3.000 libras de por vida. También fue declarada la dama más alta del reino después de la reina y las hijas de Enrique.

El "Nerón inglés"

La caída de Thomas Cromwell

Mientras aún estaba casado con Ana, Enrique se había enamorado apasionadamente de la dama de compañía de Ana, Catalina Howard, prima de Ana Bolena. La facción conservadora de la corte, especialmente el tío de Catalina, Norfolk, estaba a favor de esta relación para derrocar a Thomas Cromwell. Éste ya había caído en desgracia a causa del matrimonio Cleves y luchaba por su supervivencia política. Como Enrique volvía a tener una relación más íntima con Norfolk por su relación con Catalina, éste, junto con Eduardo Seymour, comunicó al rey, según las *Crónicas Españolas, que* Cromwell había sido pagado por el duque de Cleves por el matrimonio y que planeaba un levantamiento. Este encuentro no está atestiguado en ninguna otra fuente, por lo que probablemente se basa en rumores de la corte. Sin embargo, el conflicto entre reformistas y conservadores ya no podía ignorarse. Cromwell había actuado en favor de los protestantes en varias ocasiones, permitiéndoles predicar, condonando penas de prisión y manteniendo correspondencia con los luteranos. Ante esta evidencia de que su primer ministro simpatizaba con los protestantes, Enrique tomó medidas drásticas.

El 10 de julio de 1540, Cromwell fue arrestado por traición y herejía. Sin embargo, Enrique tomó a su servicio a muchos de los antiguos sirvientes de Cromwell para salvarlos de la pobreza. También envió dinero en secreto a Cromwell en la Torre y le preguntó cómo le trataban. Es posible, sin embargo, que esto último lo hiciera por interés propio, ya que el rey buscaba la anulación del matrimonio Cleves y necesitaba una declaración testimonial por escrito de Cromwell. Presumiblemente a cambio de esta cooperación, Enrique transfirió algunas de las tierras confiscadas a Cromwell a su hijo Gregory y le nombró barón de Cromwell el 18 de diciembre. El propio Thomas Cromwell fue condenado a muerte por una *Ley de Retención* y ejecutado el 28 de julio de 1540.

Aunque Enrique dijo más tarde que lamentaba la sentencia de muerte, nunca volvió a dar a un ministro un poder comparable al de Cromwell. Por el contrario, ya no permitió que se limitara su poder, lo que llevó al enviado francés Charles de Marillac a decir: "Aunque antes todo el mundo se sometía a sus deseos, todavía había una especie de justicia, pero ahora sólo existe el favor del rey" y ya no era sólo "un rey al que obedecer, sino un ídolo al que adorar". Según Eric Ives, además de la obediencia al rey, ahora se exigía a la gente que pensara como el rey. Philip Melanchthon acuñó el término "Nerón inglés". Sin embargo, Enrique siguió recurriendo al Parlamento para legalizar sus decisiones, por lo que adaptó las leyes a sus necesidades en lugar de quebrantarlas de plano.

Matrimonio con Catherine Howard

El nuevo matrimonio con Catalina Howard tuvo lugar en el mes de la anulación del matrimonio Cleves y el día de la ejecución de Cromwell. Aunque Enrique estaba claramente enamorado de la joven y la colmó de regalos, es muy probable que Catalina estuviera menos enamorada de él. El rey había engordado mucho con los años y era más de treinta años mayor que ella. Sin embargo, se comporta con dignidad en público y entabla una buena relación con los hijos de Enrique. Una carta del consejo afirma que el rey había "encontrado ahora una joya en su vejez, después de muchos remordimientos de conciencia que le habían sobrevenido con los matrimonios".

Junto con ella y la princesa María, el rey viajó al norte en el verano de 1541, donde años antes había estallado la *Peregrinación de Gracia*. Se mostró como un gobernante misericordioso y conciliador que aceptó la sumisión de sus súbditos, antes rebeldes, y en algunos casos incluso ofreció compensaciones. Durante este viaje, Catalina Howard inició un romance con el ayuda de cámara Thomas Culpeper, su primo hermano, que contó con el apoyo de su dama de compañía Jane Bolena y que iba a ser su perdición.

El 2 de noviembre, el Rey recibió una carta de Thomas Cranmer, que había conocido detalles explosivos del pasado de Catalina. Entre otras cosas, había una antigua promesa de matrimonio de Catalina con Francisco Dereham, que según él se había consumado mediante coito. Según la ley, Catalina habría sido una mujer casada en el momento de su matrimonio con Enrique. Al investigar más a fondo, salió a la luz el actual romance de la reina con Culpeper, que también era sirviente personal de Enrique. El rey quedó conmocionado y lloró ante el consejo. Dereham y Culpeper fueron ejecutados por alta traición, Catalina fue acusada de adulterio y decapitada junto a Juana Bolena el 13 de febrero de 1542.

Guerra contra Francia y Escocia 1544-1545

Ya en el verano de 1542 estallaron las hostilidades entre Inglaterra y Escocia. El sobrino de Enrique, Jacobo V, se había negado a renunciar al Papa y, en su lugar, había renovado la *Auld Alliance* con Francia. También se negó a reunirse con Enrique en York con poca antelación. Enrique envió entonces tropas al norte y finalmente, el 24 de noviembre, tuvo lugar la batalla de Solway Moss, en el transcurso de la cual el ejército escocés fue aplastado. Jacobo, que no había participado en la batalla, murió enfermo dos semanas más tarde.

Enrique esperaba ahora un matrimonio entre su hijo Eduardo y la hija recién nacida de Jacobo, María Estuardo, para poner finalmente Escocia bajo soberanía inglesa. Para ello, cortejó a nobles escoceses con simpatías por Inglaterra, entre ellos Matthew Stewart, IV conde de Lennox, a quien dio en matrimonio a su sobrina Margaret Douglas. Luego los envió de vuelta a Escocia para imponer sus condiciones. Cuando el Parlamento escocés rechazó sus demandas en diciembre de 1543, Enrique ordenó arrasar Edimburgo. En mayo de 1544, su flota zarpó hacia el norte bajo el mando de Eduardo Seymour para apoyar a los ingleses contra los escoceses. Dificultó el comercio escocés en el estuario del Forth y contribuyó decisivamente al incendio de Leith.

Ya en junio de 1543, Enrique se había aliado de nuevo con Carlos V contra Francisco I, que había enviado sus tropas a territorio imperial, entrando así en guerra contra Francisco I de Francia. El plan consistía en que Carlos atacara desde el este y Enrique desde Calais una vez neutralizada Escocia. Como Carlos dirigiría personalmente su ejército, Enrique decidió hacer lo mismo, a pesar de que su salud se había deteriorado en los últimos años. En julio de 1544, Enrique navegó con su ejército hacia Calais y atacó la ciudad de Boulogne. Tras la voladura del castillo por los ingleses, la ciudad se rindió y el rey marchó triunfante. Sin embargo, esta acción no había sido coordinada con Carlos V, quien, irritado por la prepotencia de Enrique, concluyó finalmente la Paz de

Crépy con Francisco y saboteó al mismo tiempo las negociaciones de paz de Enrique.

Francisco envió entonces refuerzos a Escocia por mar. En febrero de 1545, los ingleses cayeron en una emboscada escocesa en la batalla de Ancrum Moor y fueron aplastados. El 19 de julio, la flota francesa apareció en el Solent y atacó a la flota inglesa en la batalla naval de Portsmouth. Enrique, que en ese momento se encontraba en el *Gran Harry*, fue llevado a tierra y permitió el desembarco de su flota. Sin embargo, el buque insignia, el *Mary Rose*, se hundió ante los ojos de Enrique junto con su tripulación de unos 700 hombres y el comandante Sir George Carew. No fue hasta junio de 1546 cuando Enrique y Francisco llegaron a un acuerdo y el ejército inglés se retiró de Francia. Aunque la guerra proporcionó al rey un último triunfo como general victorioso, se había tragado ingentes sumas de dinero, lo que se reflejó en Inglaterra en un aumento de los impuestos y una repetida devaluación de la moneda.

Matrimonio con Catherine Parr

Poco después de concluir el tratado con Carlos V, Enrique se casó con su sexta y última esposa, Catalina Parr, de 30 años y viuda por partida doble, el 12 de julio de 1543. Como la mayoría de sus matrimonios, éste fue una unión amorosa por parte de Enrique. Llamó a Catalina *"Sweetheart"* y escribió el verso en su libro de oraciones:

En esta época, la propia Catalina amaba a Thomas Seymour, hermano de la difunta reina Jane Seymour. Sin embargo, consideraba su deber casarse con Enrique y apoyar así la Reforma. Poco después de la boda, Enrique la llevó en un viaje de verano, que se prolongó hasta noviembre debido a la peste. Durante estos meses, Catalina Parr entabló una cálida relación con los hijos de Enrique, que por primera vez convivieron en la corte durante un largo periodo. El 16 de enero de 1544, el rey convocó finalmente al Parlamento para la *3ª Acta de Sucesión*, por la que María e Isabel accedían al trono en caso de que su hermano Eduardo muriera sin descendencia. Sin embargo, ninguna de las dos fue legitimada. Según la ley vigente, los bastardos no podían heredar, lo que dificultaría la sucesión al trono de María e Isabel en los años venideros. Además, perderían su lugar en la línea de sucesión si se casaban sin el consentimiento del Consejo de la Corona. En caso de que María e Isabel murieran sin descendencia, Enrique nombró sucesores a los descendientes de sus sobrinas Frances Brandon y Eleanor Brandon. Al hacerlo, ignoró la pretensión de María Estuardo, nieta de su hermana mayor, Margarita Tudor, quien, según la ley de primogenitura, accedió al trono antes que los Brandon.

Cuando Enrique entró en guerra contra Francia, apenas un año después de la boda, nombró regente a Catalina Parr y le permitió gestionar los asuntos de Estado. El hecho de que le confiara su reino al cabo de tan poco tiempo es interpretado por los historiadores como una muestra de su respeto y aprecio por sus capacidades. También fue nombrada tutora de los tres hijos y veló por su educación. Durante este tiempo, comenzó a componer oraciones en inglés y a publicar libros. Al principio, Heinrich toleró sus intereses religiosos, pero empezó a sospechar cada vez más cuando ella hablaba de ellos en público y con él. "Después de una de estas conversaciones, se quejó a Stephan Gardiner: "Qué bien oigo que las mujeres se conviertan en clérigos, y es un gran consuelo que mi mujer me instruya en mi vejez".

Gardiner intentó entonces persuadir a Enrique para que juzgara a la reina como hereje. El rey accedió, pero luego informó de su decisión a uno de sus médicos personales. No se sabe con certeza si fue para informar a Catalina del inminente arresto o para advertirla debido a sus remordimientos. La biógrafa de Enrique, Lucy Wooding, cree que es posible que el rey quisiera dar una lección tanto a su esposa como al consejo de que no se dejaría influenciar por nadie y que él mismo era la autoridad final en asuntos religiosos. En cualquier caso, Catalina fue informada por el médico personal, que le aconsejó que se sometiera por completo a la voluntad del rey.

Cuando Catalina volvió a ver a Heinrich, le declaró su inferioridad divina, ante lo cual él le reprochó: "Te hiciste médico, Kate, para instruirnos como nosotros lo vemos, no para ser instruida y guiada por nosotros". Catalina se defendió diciendo que sólo había debatido con él para distraerle de su dolor y sacar provecho de sus respuestas. Calmado, Heinrich replicó: "¿Es realmente así, querida? ¿Y tus argumentos no pretendían otra cosa? Entonces tú y yo volveremos a ser verdaderos amigos, como antes". Al día siguiente, cuando Thomas Wriothesley, I conde de Southampton, llegó con guardias para arrestar a Catalina, el rey enfurecido le llamó bribón, bruto y tonto. El matrimonio duró así hasta la muerte de Enrique.

Estado de salud

Los últimos años de Enrique se caracterizaron por una salud débil y en constante deterioro. Desde el accidente de las justas de 1536, había engordado mucho, de modo que su cintura medía casi 133 cm y su pecho 147 cm. Según un contemporáneo, en su jubón cabían tres hombres fuertes. Además, sufría un grave estreñimiento, cuya causa se atribuye también a la falta de ejercicio. También se dice que consumía una cantidad excesiva de carne. Sus cuentas de cocina muestran que durante más de treinta años comió más de una docena de raciones de carne o pescado tanto en el almuerzo como en la cena, junto con pudding y pasteles fritos de postre. Poco antes de su muerte, pesaba más de 160 kilos y su cama tuvo que ser reforzada con vigas de madera para soportar el peso.

La herida de la pierna se había agravado y le causaba dolores crónicos. También tenía una úlcera dolorosa en la pierna izquierda y apenas podía mantenerse en pie. Es de suponer que su exceso de peso no contribuyó a mejorar su estado. Cuando la herida cicatrizaba, tenía que ser reabierta, limpiada y vendada por su médico personal, por lo que Enrique sufría a veces fuertes dolores durante días enteros. En 1538, se informó de que las úlceras se habían cerrado. "Los jugos, que no tenían salida, casi le sofocaban, de modo que durante algún tiempo estuvo sin habla, con la cara negra y en peligro de muerte". Basándose en esta descripción, se supone que Enrique sufría trombosis y tenía en ese momento un coágulo de sangre en el cerebro, al que sólo sobrevivió por suerte. Especialmente en sus últimos años, el rey tuvo que recurrir a ayudas como bastones y sillas portátiles. La vista de Enrique también se deterioró tanto a partir de 1544 que encargó diez pares de gafas a Alemania.

Basándonos en los síntomas supervivientes, sólo podemos especular sobre la enfermedad que padecía el rey. Según su biógrafo John Guy, podría tratarse de diabetes mellitus de tipo 2, que causaba neuropatía, insuficiencia muscular y dificultad para caminar si no se trataba, además de disfunción eréctil. El consumo excesivo de alcohol de Heinrich, sobre todo vino tinto y cerveza, sus problemas para orinar y su escaso sueño encajan con esto. Robert Hutchinson menciona el síndrome de Cushing como otra posibilidad, cuyos síntomas incluyen obesidad, mala cicatrización de las heridas, fuertes dolores de cabeza y paranoia. Como apenas comía fruta y verdura, a veces también se sospecha de escorbuto. Sabine Appel también considera la osteomielitis como otro posible cuadro clínico, ya que en los casos crónicos la herida se rompía ocasionalmente y drenaba el pus. No hay pruebas históricas que apoyen la suposición de algunos historiadores de que el rey padecía sífilis. Era costumbre tratar la enfermedad con mercurio, aunque no se han encontrado pruebas escritas de dicho tratamiento. Todos los medicamentos que figuran en la factura médica de Enrique se utilizaban para facilitar la digestión.

Planificación de la sucesión y fallecimiento

En diciembre de 1546, el rey pasó la Navidad en el castillo de Winchester, separado de Catalina Parr, lo que los historiadores interpretan a veces como una premonición de muerte. En la noche del 26 de diciembre, convocó a su consejo junto con una copia de su testamento de 1544 e introdujo algunos cambios. Mientras que en 1544 había nombrado regente a Catalina Parr hasta la mayoría de edad de su hijo Eduardo, ahora 16 miembros del consejo debían asumir este cargo tras su muerte. En ningún caso quería otorgar a una sola persona un poder indiviso sobre Eduardo. Llama la atención que entre estos 16 hombres hubiera tanto reformistas como conservadores. Tampoco firmó el testamento, sino que lo selló, por lo que a veces se afirma que su última voluntad fue una falsificación. Sin embargo, los historiadores suponen que el documento es auténtico. El rey entregó el testamento a su antiguo cuñado Eduardo Seymour para que lo custodiara.

Tras el nombramiento de los consejeros, Enrique Howard, conde de Surrey, anunció que su padre Thomas Howard, III duque de Norfolk, iba a recibir el cargo de Lord Protector por derecho. Como Surrey había añadido el escudo real de Eduardo el Confesor al suyo propio, Enrique sospechó que Surrey planeaba apoderarse de la propia corona tras su muerte. Esta sospecha se vio respaldada por el hecho de que Surrey había instado a su hermana Mary Howard, viuda de Enrique Fitzroy y, por tanto, nuera de Enrique, a convertirse en la amante del rey "para poder gobernar aquí mejor que otros". Aunque Surrey protestó durante su juicio que su familia había tenido derecho a llevar este escudo de armas durante 500 años, fue ejecutado por alta traición el 19 de enero de 1547. Fue la última condena a muerte que se ejecutó en vida de Enrique.

Aunque se hizo evidente que Enrique no viviría mucho más, nadie se atrevió a decirlo abiertamente, ya que era traición predecir la muerte del rey. Finalmente, el 27 de enero, Anthony Denny, el actual novio del taburete, informó a su amo de que no le quedaba mucho tiempo y le preguntó si quería hacer su confesión. Heinrich preguntó entonces por Thomas Cranmer y explicó que primero quería dormir. "Y luego, cuando me apetezca, os lo haré saber". Estas fueron sus últimas palabras. Cuando llegó el arzobispo, Enrique ya no podía hablar. El 28 de enero de 1547, el rey murió entre la medianoche y la una de la madrugada en presencia de Thomas Cranmer, cuya mano apretó con fuerza poco antes de su final. El escritor John Foxe afirmaría más tarde que Enrique había respondido con este apretón de manos a la pregunta de Cranmer de si había puesto toda su confianza en Cristo. Sin embargo, como Enrique seguía rechazando el planteamiento protestante de la salvación sólo por la fe, su biógrafa Lucy Wooding considera más probable que los ritos católicos de la Comunión se realizaran en su lecho de muerte.

Su muerte se mantuvo en secreto durante tres días para asegurar un traspaso pacífico del poder a su hijo Eduardo. La muerte de Enrique no se anunció oficialmente al Parlamento hasta que Eduardo llegó a Londres y se instaló en la Torre. Como era costumbre para los reyes, el cuerpo de Enrique fue embalsamado y trasladado al castillo de Windsor el 14 de febrero. Sobre el ataúd había una estatua coronada de Enrique con ropajes reales. Stephen Gardiner pronunció el panegírico. El 16 de febrero, Enrique fue enterrado en la capilla de San Jorge, en el mismo panteón que Jane Seymour. En vida, había planeado un arco de triunfo con una estatua suya a caballo sobre su tumba y una representación de Dios sosteniendo el alma de Enrique en lo alto. Con este fin, Enrique confiscó partes de la tumba planeada por Wolsey tras su muerte, incluido un sarcófago de mármol negro. Sobre él dormirían efigies de bronce de él y de Juana, similares a las de la tumba de sus padres Enrique VII e Isabel de York. La efigie de Enrique se había hecho hacia 1543, pero la guerra con Francia resultó tan cara que la tumba estaba inacabada cuando murió.

La tumba tampoco se terminó bajo sus sucesores. Bajo Eduardo, surgió una disputa con el escultor italiano en 1551 y María rehuyó completar la tumba de alguien que se había enemistado con Roma. Isabel buscó inicialmente una forma más barata de completar la tumba, pero tras la muerte de William Paulet, que se había encargado de ella, la construcción se canceló de nuevo. En abril de 1646, se vendió la efigie de bronce de Enrique, ya que el gobierno necesitaba dinero urgentemente. En 1649, la tumba se abrió para que los restos mortales del ajusticiado rey Carlos I pudieran ser enterrados en una cripta real. Un soldado de infantería abrió el ataúd de Enrique y robó un hueso. El sarcófago y el plinto de mármol negro se utilizaron en 1808 para el almirante caído Nelson. Cuando se abrió la tumba el 1 de abril de 1813 en presencia del futuro rey Jorge IV, del cuerpo de Enrique sólo quedaba el esqueleto y algo de barba en la barbilla. El propio ataúd estaba muy dañado, aunque no fue posible determinar cuándo y cómo ocurrió. Hoy en día, sólo una losa de piedra en el suelo con una inscripción marca el lugar de descanso final de Enrique.

Legado

A su muerte, Enrique legó a su hijo Eduardo 55 palacios y
sedes, más de 2000 tapices, al menos 150 pinturas sobre
tabla, 2028 piezas de orfebrería y 1780 libros. Como
apasionado coleccionista de obras de arte, sus posesiones
incluían cientos de retratos y pinturas religiosas, así como
300 instrumentos. Además, poseía una armada
modernizada con más de 70 barcos, que Ives describió
como la mejor armada del Atlántico, y un moderno
arsenal de armas. Al mismo tiempo, había vaciado las
arcas del Estado con guerras a la postre inútiles y fue
responsable de varios episodios inflacionistas. Entre 1544
y 1547, la libra inglesa perdió casi el 13% de su valor
internacional, lo que tuvo un efecto desastroso en la
economía y el comercio.

Durante el reinado de Enrique, la realeza fue elevada y
glorificada, ya que el monarca ahora sólo estaba en deuda
con Dios y ya no con el Papa. Como resultado, Enrique
ejerció más autoridad personal que sus predecesores y
sucesores, haciendo de su reinado la cumbre de la
realeza. Según algunas fuentes, durante su reinado se
llevaron a cabo más de 70.000 ejecuciones, aunque esto
también incluía las habituales condenas a muerte por
delitos cotidianos y no políticos de la época. No obstante,
a instancias suyas, entre 1531 y 1544 se promulgaron
doce nuevas leyes que tipificaban los delitos como alta

traición (entre ellos, la crítica a los matrimonios del rey y la negativa a prestar el juramento de supremacía real), lo que, según Eric Ives, desempeñó un papel importante en el número de condenas a muerte.

La ruptura con Roma supuso también el aislamiento político y religioso de Inglaterra. La moderada Reforma de Enrique no favoreció ni a las naciones católicas ni a los nuevos protestantes emergentes. La disolución de los monasterios también había provocado el empobrecimiento de la población rural inglesa, pues los antiguos pastos y la ayuda social de los monasterios ya no eran de libre acceso. Además, monjes y monjas se habían quedado sin hogar. No obstante, la ruptura con Roma sentó las bases de una identidad nacional que se desarrolló independientemente del cristianismo occidental. Además, se continuó el camino de la iglesia a la asistencia social estatal, ya que Enrique sustituyó las numerosas casas religiosas individuales por escuelas e iglesias bajo los auspicios de las diócesis unificadas que había creado.

Las intervenciones de Enrique en la sucesión legal pusieron a sus hijas en una situación difícil, ya que no se les permitía heredar como hijas oficialmente ilegítimas. De este modo, dio a sus respectivos oponentes los medios para apoyar a Juana Grey y María Estuardo como reinas legítimas de Inglaterra. Además, sentó el precedente de que un rey eligiera a su propio sucesor en lugar de actuar según la ley de primogenitura, lo que provocó, entre otras cosas, el reinado de nueve días de su sobrina nieta Lady Jane Grey. Además, durante el reinado de Isabel en particular, casi todos los descendientes de Margarita y María Tudor aspiraban al trono, lo que inquietó profundamente a Isabel y le dio la sensación de "tener ya mi mortaja ante mis ojos durante mi vida".

Personalidad e intereses

Enrique está considerado el prototipo del gobernante renacentista. Era culto, se interesaba por la astronomía y mantenía correspondencia con humanistas como Erasmo de Rotterdam. Además de su inglés nativo, hablaba francés, latín, italiano y algo de español, que había aprendido de Catalina de Aragón. Bajo su reinado, el inglés vivió un nuevo apogeo como lengua de la corte, ya que se tradujeron por primera vez textos originalmente latinos y se realizaron ediciones de las obras de Geoffrey Chaucer.

También era un entendido en arte que llevó a la corte a pintores como Susanna y Lucas Horenbout, Hans Holbein y Levina Teerlinc. Le apasionaba tocar el laúd o la flauta dulce y compuso canciones, piezas instrumentales, misas y un motete. A menudo se afirma que la canción popular inglesa *Greensleeves* fue compuesta por Enrique VIII para su segunda esposa, Ana Bolena, pero probablemente data del periodo isabelino. En cambio, la canción *Pastyme with good companye* fue escrita por Enrique.

Destacó en el baile, la lucha, la caza y el entrenamiento con armas diversas, así como en la forma original del tenis. A lo largo de su vida, el rey fue un ávido jugador aficionado, entre otras cosas, a los dados y a los juegos de cartas. Sin embargo, era mal perdedor y una vez echó a banqueros italianos después de que le ganaran a los dados. También le gustaban las mascaradas, sobre todo cuando podía mezclarse con los cortesanos aparentemente sin ser reconocido y luego revelarse dramáticamente.

A lo largo de su vida, Enrique mostró un gran interés por la medicina. A veces pasaba horas en compañía de boticarios y médicos y siempre se esforzaba por fabricar sus propias medicinas para él y su corte. De hecho, Enrique mezcló él mismo un supuesto profiláctico contra la peste, compuesto de rubus, hojas de saúco, jengibre y vino blanco. El cardenal Wolsey también pidió consejo al rey cuando su secretario, Sir Bryan Tuke, tuvo una dolencia renal. Sin embargo, Enrique malinterpretó la dolencia y en su siguiente audiencia dio a Tuke un medicamento que supuestamente ayudaba contra los tumores testiculares. Al mismo tiempo, siempre estaba preocupado por su salud, por lo que los historiadores a veces le acusan de hipocondría.

Su disposición a asociarse con hombres de baja cuna se considera a menudo un signo de inseguridad. La dinastía Tudor era joven y su derecho al trono se cuestionaba a menudo. En la nobleza había varias familias que descendían de reyes y, por tanto, consideraban a los Tudor como advenedizos. Podría ser una razón por la que se sentía más cómodo con gente que no tenía arrogancia hacia él. Además, los plebeyos le exigían menos que la nobleza, cuyos miembros le acosaban constantemente para obtener cargos y dignidades. Al mismo tiempo, su dependencia de su favor le daba la oportunidad de elevarlos y ascenderlos en la corte según le pareciera oportuno, para luego destruirlos de forma igualmente inesperada. Sin embargo, Borman señala que Wolsey y Cromwell, en particular, poseían notables habilidades y experiencia, que habían adquirido a base de duro trabajo. Al romper deliberadamente con la tradición real de otorgar los altos cargos exclusivamente a los nobles, Enrique introdujo una meritocracia en su corte.

Enrique se ganó una dudosa reputación con sus seis matrimonios. Aunque tenía una razón totalmente dinástica para ello -asegurar la sucesión al trono a través de hijos varones-, Enrique era conocido por enamorarse impetuosamente y mostrar su afecto abiertamente. Sólo uno de sus seis matrimonios fue por motivos políticos, todos los demás fueron matrimonios por amor. Además, cuatro de sus esposas eran súbditas suyas, algo casi inaudito en un rey. Su inusual comportamiento causó asombro e irritación tanto en Inglaterra como en las cortes europeas. Al mismo tiempo, era muy sentimental y lloraba con facilidad. Le dolió no poder engendrar un hijo legítimo durante décadas. Cuando el embajador imperial Eustace Chapuys, que siempre defendió a Catalina y a su hija María, le señaló que ni siquiera una nueva esposa era garantía de hijos, el rey gritó tres veces: "¿Acaso no soy un hombre, un hombre como cualquier otro?".

Con el tiempo, Heinrich se hizo famoso por su temperamento y mal humor. Tenía poca paciencia en los asuntos que le aburrían o molestaban y a veces cambiaba de opinión muy repentinamente. El embajador imperial Eustace Chapuys, que vivió en Inglaterra durante décadas, declaró resignado que no podía juzgar a Enrique "teniendo en cuenta el carácter cambiante de este rey". Tras la ruptura con Roma, sus cambios de humor se acentuaron, haciéndole cada vez más imprevisible incluso para sus viejos amigos. Borman cree que Enrique los utilizó deliberadamente para evitar que sus súbditos se sintieran demasiado confiados. Dando órdenes contradictorias, aunque supiera exactamente lo que quería, dejaba claro que sólo él ejercía el poder. Sin embargo, Enrique parecía rehuir los enfrentamientos personales. A lo largo de su vida, se negó a volver a ver a las personas una vez que había renunciado a ellas interiormente.

Una cuestión que sigue desconcertando a los historiadores es por qué Enrique pasó de ser un príncipe popular a un tirano. A veces se aducen explicaciones médicas, como una caída del caballo en 1536 o una diabetes que no podía tratarse en aquella época. Sin embargo, Starkey señala que Enrique ya tenía aversión a ser tratado con condescendencia por los demás cuando subió al trono. Primero fue su padre quien se negó a darle lo que quería, luego su consejo de la corona y finalmente su suegro Fernando. El cardenal Wolsey se encargó entonces de poner en práctica los impulsivos deseos de Enrique como política real de éxito durante unos diez años, lo que malcrió al rey y le hizo hacerse ilusiones de su propia grandeza. Tomás Moro confió una vez a Tomás Cromwell acerca del carácter del rey: "Deberías, cuando aconsejes a su Gracia, decirle siempre lo que debería hacer, pero nunca lo que podría hacer. Porque cuando el león reconoce su propio poder, sería difícil para cualquier hombre dominarlo."

Un primer punto de inflexión fue la ejecución de Eduardo Stafford, III duque de Buckingham. Sin heredero al trono, Enrique empezó a sospechar de todos los nobles que también eran de ascendencia real. Durante el "gran asunto", muchos de sus amigos y sirvientes se pusieron secretamente del lado de Catalina de Aragón, pasándole información y enviando noticias de contrabando al continente. Como Enrique no sabía quién le traicionaba, fue desarrollando rasgos casi paranoicos. Durante este tiempo, le dijo al embajador veneciano que no permitiría que nadie le diera órdenes. Tras la ruptura con Roma, su desconfianza hacia cualquiera que discrepara de él se acentuó, ya que temía regularmente una invasión católica. En particular, la ejecución de los cartujos, del anciano obispo Fisher y de Margarita Pole, de más de setenta años, dio testimonio de su creciente brutalidad. Cuanto más tiempo llevaba como rey, más esperaba salirse con la suya y reaccionaba de forma cada vez más despiadada cuando se sentía traicionado. Sin embargo, el trato de Ana de Cleves también demuestra que Enrique podía ser generoso y amable si la gente se sometía a él.

Aunque Enrique tomó decisiones moralmente cuestionables y crueles para los estándares modernos, gozó de una popularidad duradera entre sus súbditos. Encarnaba el esplendor y la generosidad que se esperaban de un monarca y daba limosna a los pobres todos los días, aunque la afirmación del embajador veneciano de que gastaba así diez mil ducados al año parece exagerada. Podía presumir de éxitos militares, aunque a la larga fueran de poca utilidad para Inglaterra. Al mismo tiempo, sabía cómo inspirar y dirigir a la gente. Con la floreciente imprenta y la distribución de Biblias inglesas blasonadas con su retrato, Enrique fue probablemente el primer rey inglés cuyo rostro era reconocido por sus súbditos, lo que contribuyó a una mayor identificación con él que con sus predecesores en todo el país.

Asociaciones

Matrimonios

Nacido en 1491, Heinrich se casó un total de seis veces:

- 1er matrimonio: Catalina de Aragón (1485-1536), ⚭ 1509, divorcio 1533

- 2º matrimonio: Ana Bolena (1501/07-1536), ⚭ 1533, ejecución 1536

- 3er matrimonio: Jane Seymour (1509-1537), ⚭ 1536, muerte tras el nacimiento del heredero al trono Eduardo VI en 1537.

- 4º matrimonio: Ana de Cleves (1515-1557), ⚭ 1540, divorcio 1540

- 5º matrimonio: Catalina Howard (1521/25-1542), ⚭ 1540, ejecutada 1542

- 6º matrimonio: Catalina Parr (1512-1548), ⚭ 1543, sobrevivió a Enrique († 1547).

Es muy conocida una rima contada inglesa que nombra el destino de las esposas de Enrique. En varios tratados se considera un ejemplo estándar de rima universalmente reconocida:

Le encanta

A diferencia de su rival Francisco I, Enrique ejerció la discreción en todas sus relaciones extramatrimoniales. Para su época, se le consideraba un marido extremadamente fiel y cariñoso que sólo tenía amantes cuando su esposa estaba embarazada y, por tanto, según la opinión de la época, sexualmente intocable. Aunque hubo rumores de varios amoríos, históricamente sólo dos pueden probarse con claridad. La primera amante conocida del rey fue Elizabeth Blount, dama de compañía de Catalina de Aragón hacia 1517. Dio a luz al hijo de Enrique, Enrique Fitzroy, el 15 de junio de 1519. Como Enrique no estaba casado con Isabel, este hijo no tenía derecho al trono, pero fue reconocido por el rey.

Hacia 1520, se enamoró de María Bolena, que había servido a su hermana María Tudor durante su etapa como reina de Francia. Para entonces ya estaba casada con William Carey, pariente lejano de Enrique, quien tácitamente consentía el romance. Esta relación amorosa terminó en una fecha indeterminada en torno a 1525 y sólo se conoció porque Enrique solicitó una dispensa papal para casarse con la hermana de una antigua amante durante su noviazgo con Ana Bolena. También respondió a la acusación de que se había acostado con la hermana de Ana y con su madre: "¡Nunca con la madre!".

Aunque no hay pruebas claras de otras relaciones amorosas reales, los rumores contemporáneos están documentados. En 1510, se rumoreaba que Enrique había mantenido una relación secreta con Ana Hastings, hermana de Eduardo Stafford, III duque de Buckingham. Sin embargo, su leal amigo William Compton, que actuó como intermediario, afirmó que no había cortejado a Ana en nombre del rey, sino para sí mismo. Una carta fechada el 17 de enero de 1514 podría ser la prueba de la relación amorosa de Enrique con Etiennette de la Baume mientras se encontraba en Lille para firmar el tratado. La dama le recuerda cómo le puso un apodo cariñoso y le habló de muchas cosas hermosas, entre ellas el matrimonio. Como Heinrich le prometió un regalo de dinero en caso de matrimonio, Etiennette le pide en su carta que cumpla su promesa.

En 1534, Enrique se interesó por una dama sin nombre que se negaba a honrar a Ana. Según Chapuys, intentó apoyar a la princesa María. Posiblemente fue la misma mujer quien, con la ayuda de su cuñada Juana Bolena, apartó a Ana de la corte, para enfado del rey. En febrero del año siguiente, Chapuys informó de que Mary Shelton, prima de Ana Bolena, había superado a la desconocida y gozaba ahora del favor del rey. Los contemporáneos creyeron ver un parecido entre Shelton y la posterior reina Ana de Cleves.

Como Enrique necesitaba una dispensa de Thomas Cranmer para casarse con Jane Seymour, David Starkey sospecha que una de las amantes del rey estaba emparentada con Jane. Tras la muerte de Jane, el rey se interesó por Anne Bassett, recién llegada a la corte e hijastra de su tío Arthur Plantagenet, primer vizconde Lisle. Le regaló un caballo y una silla de montar y organizó su estancia, primero en casa de un pariente y más tarde con Ana de Cleves, Catalina Howard y el séquito de Catalina Parr. Según Chapuys, la influencia de Ana fue la responsable del perdón de su padrastro. Aunque se especula que era su amante, también pudo deberse a las atenciones de Enrique hacia un pariente lejano.

1714.

Descendientes

Con Catalina de Aragón

(casada desde el 11 de junio de 1509 hasta la anulación del matrimonio el 23 de mayo de 1533):

- una hija (*/† 31 de enero de 1510)
- Enrique, duque de Cornualles (* 1 de enero de 1511; † 22 de febrero de 1511).
- Aborto espontáneo (*/† 1513)
- Enrique, duque de Cornualles (*/† diciembre de 1514)
- María, más tarde María I, reina de Inglaterra (* 18 de febrero de 1516; † 17 de noviembre de 1558) ∞ Felipe II, rey de España.
- una hija (*/† 10 de noviembre de 1518)

Como lo único que se sabe del embarazo de Catalina en 1513 es que peregrinó a Walsingham en agradecimiento, no se conocen ni el sexo ni el mes de nacimiento del niño.

Con Ana Bolena

(casada desde el 25 de enero de 1533 hasta la anulación del matrimonio el 17 de mayo de 1536):

- Isabel, más tarde Isabel I, reina de Inglaterra (* 7 de septiembre de 1533; † 24 de marzo de 1603).

- Aborto espontáneo (*/† 1534)

- Hijo (*/† 29 de enero de 1536)

Como el segundo y el tercer embarazo de Ana acabaron en aborto, no se conserva ningún nombre para estos niños. Tampoco se conoce el sexo del segundo hijo.

Con Jane Seymour

(casados desde el 20 de mayo de 1536 hasta la muerte de Jane el 24 de octubre de 1537):

- Eduardo, más tarde Eduardo VI, rey de Inglaterra (* 12 de octubre de 1537; † 6 de julio de 1553).

Con Elizabeth Blount

(relación de 1517 a 1519):

- Enrique Fitzroy, I duque de Richmond y Somerset (* 15 de junio de 1519; † 18 de junio de 1536).

Posibles hijos adicionales

Nunca se reconoció oficialmente la paternidad de otros hijos ilegítimos además de Enrique Fitzroy. Sin embargo, es posible que los hijos de María Bolena, Catalina y Enrique Carey, fueran engendrados por Enrique, ya que el romance duró aproximadamente de 1522 a 1525. Sin embargo, cuando Thomas Skydmore, de la abadía de Syon, fue investigado por alta traición en 1535, su afirmación de que Enrique Carey era "hijo de nuestro señor rey con la hermana de la reina" se citó explícitamente como prueba contra Skydmore. Por lo tanto, la paternidad de los hijos de María Bolena no está clara.

En su colección *Nugæ Antiquæ,* John Harington se refiere a la primera esposa de su padre, Etheldreda (también Audrey) Malte, como "hija ilegítima de Enrique". Los papeles de estado del rey muestran que su sastre John Malte tuvo una hija ilegítima llamada Etheldreda con Joan Dingley. En septiembre de 1546, Enrique le legó generosamente tierras y casas solariegas, lo que podría interpretarse como el mantenimiento de una hija ilegítima al cuidado de un padre adoptivo. Sin embargo, no existe ninguna fuente contemporánea que demuestre la paternidad de Enrique.

Recepción

La vida de Enrique ha sido a menudo objeto de relatos históricos populares durante siglos.

Literatura

En 1612/1613, Shakespeare escribió su drama histórico Enrique VIII, titulado originalmente "Todo es verdad", basado en extractos de la vida de Enrique.

En la balada *La caza del rey Enrique,* Josef Viktor Widmann aborda la pérdida de la esposa de Enrique, Jane Seymour.

En 1998, Margaret George publicó la novela histórica *La autobiografía de Enrique VIII: con notas de su bufón, Will Somers* (título alemán: *Ich, Heinrich VIII.*). Durante el reinado de María, el antiguo bufón de la corte de Enrique, Will Somers, envía a Catherine Carey, que vive en el exilio, el diario del rey, que abarca toda su vida.

Cine y televisión

Se hicieron muchas películas y series de televisión sobre Enrique y su corte, entre ellas *La vida privada de Enrique VIII*, de 1933, con Charles Laughton, que volvería a interpretar este papel en la película de 1953 *El heredero al trono*.

Ernst Lubitsch rodó la película muda *Ana Bolena en* 1920 con Emil Jannings como Enrique VIII en el papel masculino protagonista. La película describe el periodo entre el primer encuentro de Enrique con Ana y su ejecución. El vestuario se basa en imágenes contemporáneas.

En la película de 1953 *Una princesa se enamora,* centrada en el amor secreto de María Tudor por Carlos Brandon, James Robertson Justice interpretó el papel de su hermano Enrique.

En la oscarizada película *Un hombre para todas las estaciones* (1966), de Fred Zinnemann, Robert Shaw interpreta al rey y Paul Scofield a Tomás Moro.

En 1969, Charles Jarrott rodó una película sobre la historia de amor y el matrimonio entre Enrique VIII (Richard Burton) y Ana Bolena (Geneviève Bujold) en *Reina durante mil días*, que no es del todo exacta desde el punto de vista histórico. La película ganó cuatro Globos de Oro en 1970 y fue nominada a diez Oscar.

La BBC rodó *The Six Wives of Henry VIII* con Keith Michell en 1970. En 1972 se estrenó una versión cinematográfica.

También en 1970, como parte de la *serie de películas Carry On,* Gerald Thomas rodó la película *Carry On Henry* (título alemán: *Heinrichs Bettgeschichten oder Wie der Knoblauch nach England kam*), en la que se parodiaba la historia de Enrique y sus esposas.

En 2003, la historia de Enrique fue llevada al cine como *Enrique VIII* con un gran coste. Ray Winstone interpretó a Enrique. Otros actores conocidos son Helena Bonham Carter como Ana Bolena y Sean Bean como Robert Aske.

El *episodio de* Los Simpson *Lección de Historia con Marge* (2004, temporada 15; OT: *Margical History Tour*) se centra en la vida de Enrique VIII desde su primer matrimonio con Catalina de Aragón hasta su muerte y trata de su separación de la Iglesia Católica. *Todas las* demás mujeres son ejecutadas a hachazos. Como es habitual en este tipo de episodios, los papeles de muchas de las figuras históricas son asumidos por los personajes normales de Los Simpson. Homer Simpson es Enrique VIII y el policía Wiggum es el verdugo. Al final del episodio, Homer (como Enrique) es asfixiado con una almohada por Marge (como Catalina).

En 2008, Eric Bana encarnó al rey inglés en la adaptación literaria de *La hermana de la reina*. Natalie Portman interpretó a Ana y Scarlett Johansson a su hermana María Bolena.

En la serie de televisión *Los Tudor*, de 2007 a 2010, se ficciona la vida de Enrique desde la década de 1520 hasta poco antes de su muerte. El papel del rey fue interpretado por Jonathan Rhys Meyers, con otros actores como Natalie Dormer (Ana Bolena), Annabelle Wallis (Jane Seymour), Maria Doyle Kennedy (Catalina de

Aragón) y Henry Cavill (Charles Brandon, I Duque de Suffolk).

En 2015 se emitió la serie de televisión *Wolves*, que ficcionalizaba el ascenso de Thomas Cromwell. Enrique fue interpretado por Damian Lewis, Cromwell por Mark Rylance y Ana Bolena por Claire Foy.

Ruari O'Connor interpretó el papel del joven Enrique en la serie de televisión de 2019 *La princesa española*, que ficciona los primeros años de Catalina de Aragón en Inglaterra.

En octubre de 2020, la serie documental en tres partes *Enrique VIII: hombre, monarca, monstruo se* emitió por primera vez en el Reino Unido en Chanel 5. El 4 de febrero de 2022, el equivalente alemán *Mythos Heinrich VIII se emitió por primera vez* en ZDFinfo. Los títulos de los episodios en alemán son, empezando por el primer episodio: *Aufstieg zum König*, *Sex und Intrigen* und *Größenwahn*.

Música

La ópera Anna Bolena, de Donizetti, aborda el destino de la segunda esposa de Enrique, Ana Bolena, en una trama romántica e históricamente insostenible. En su ópera *Enrique VIII,* Camille Saint-Saëns aborda su matrimonio con Ana Bolena y el cisma eclesiástico.

En 1965, el grupo beat Herman's Hermits llevó la canción *I'm Henry the Eighth, I Am* a las listas de éxitos (#1 USA, #15 D). La canción fue escrita en 1910 por Fred Murray y R. P. Weston.

En 1973, el teclista de Yes Rick Wakeman publicó un álbum conceptual sobre Enrique y sus esposas titulado *The Six Wives of Henry VIII.*

El musical *Six*, que se estrenó en 2017, ve a las seis esposas de Enrique VIII competir para ver cuál de ellas sufrió más bajo el mandato de Enrique.

Otros libros de United Library

https://campsite.bio/unitedlibrary